全椒古代典籍叢書

吴國縉集（外一種）

6

（清）吴國縉 撰

政協全椒縣委員會 編

國家圖書館出版社

第六册目録

世書堂稿二十三卷（卷二十至二十三）

（清）吴國縉 撰

清順治十八年（1661）刻本

世書堂稿卷二十目錄

詩　五言絶句

游覽

馮唐墓　光武斬石人跡 二首

過高村　郭氏貞烈坊

夏過長兄山庄　子貢墓

杜村　滏道

百善驛　梅下應諸僧索字 三首

獨山 二首

讌集

河村阻雨 二首　楊克任見訪

秋小飲魯吉甫　夏晚飲彭羽皇藏春閣

題咏

世書堂稿卷二十目錄終

曾亮

曾炎吸索宇　　　　承波道仕

厰鞸

舂哩二首

世書堂稿卷二十一目錄

詩　七言絕句

行歷

春登南山　二首　登太白樓

晤遊

與一如陽生飲月限七陽

劉子書索字游南　順南遇司理王麗五年丈

魯爾允邀看牡丹時已落半　二首

界首張紹吾　山中對郤子

讌集

飲周子樓上看蘭　滁上對陳四府同飲胡子

夜聽一如琴　晚酌蔣子

誕日長兄移酒菴中

嘉平三朝演家小班爲登兒之誕兼祝恙起

飲君佐弟

送別

畱別武伯志　　畱別一如

畱別易陽生　　畱別陶翼勛

畱別柴天羽　　倪學博長公餞席

雲甸岡趙邑侯飲別

保定店中與牛价八年兒相後

世書堂稿卷二十一目錄終

世書堂稿卷二十二目錄

病起中秋無月　雨後

夏村　途中二月八日雨

都邸中元夜月　冬陰

白露　容夏

九日東庄雨坐

冬初喜雪和林中翰步東坡韻四題聲色氣味

簷氷

元日入山家昆荅句蔚起予無以應

夏雷不果雨　秋夜

戲贈秦玉鉉新寵　道上諸婦從遷

途中殣婦　陳家渡四首 有引

河游四首

世書堂稿卷二十二目錄終

英玉梅和 第二十之 四 博書堂

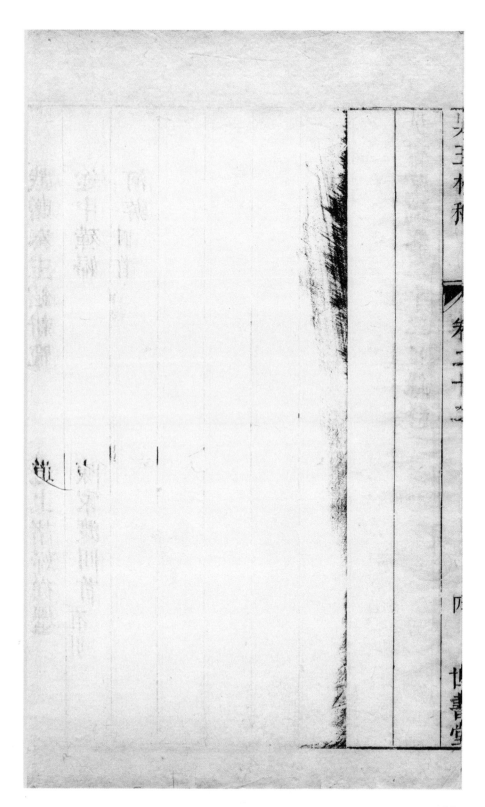

世書堂稿卷二十三目錄

詩　七言絕句

慨悼

紀夢 有引

過江寧鎮憶甲申歲迎　先慈憩此

聞失長孫虎兒 二首　元日入山謁墓

侍几初殮 四首　哭亡兒三十首 有引

秋盡登南峰從亡兒厝室來 二首

舟中懷孫子

聯句

春雨舟中與兒姪聯句

都門秋夕與玉隨聯作限陰字

雨後偕盛遥集表弟夜坐

仲夏九日得雨棠邑章可權偕金侶樵盛持滿家玉
騧聯句志喜用十二侵

世書堂小酌盛子偶得郤句足之

秋園雨夕同姜宸翊劉漢村聯句用十五咸

清明洪佩余携酒大聖菴同劉漢村及君佐弟立可

協可鑑可娙并前民兒在

秋後廣陵同孔宗魯朱河仙楊舉臣洪芳若汪楮封

泛舟觀荷步蜀岡諸古跡聯句用七陽

五七言

山中 三首

三七言

山雲

三五七言

登南嶽 三首　春野 二首

擬館課

詩餘

世書堂稿卷二十三目錄終

世書堂稿卷二十

南譙吳國縉玉林甫著

兄 國鼎玉鉉甫 國器玉質甫

弟 國對玉隨甫 國龍玉騊甫 同較

男 登民 前民 鉅民 章民 同輯

詩 五言絶句

行歷

從河道上驟雨

破塊驚流倒翻橋悵路窮雲圍山足黑電落馬蹄紅

夾山驛

路折泉流沓山廻鳥下遲平坡新草色嫩綠上眉吹

登青巖嶺

遠近峰尖伏高低樹杪屯披衣當絶頂幾欲共雲奔

薛鎮道中

翠靄林中聚輕雲嶺上摩不堪移別墅只合結深窩

晚江

停晚千帆靜江心引照斜蘆花深塢裏烟起幾人家

行南河中

青青合岸蘆蒙沒扁舟影凉風細處搜人坐碧梧井

夏夜宿石碑橋

水浮橋石白樹障夜陰濃浴罷眠高項相將伴碧翁

其二

湛潔獨波宮清凉惟月府往來人不知侑耳惟蛙鼓

阻雨大乘菴

地匝林阜茂風枝帶雨鳴窗前千樹繞徹夜臥潮聲

元旦臨淮道上

謾提昨夕酌仍帶隔年酲節事他鄉少征途自影煢

寧郊

古蹟梁園地小蒙并大蒙河淮遶故邸不改好新豐

草宿延西

壁立上千家烟炊無十姓連衣眼莫交雜外兵行路

楚丘城

一朝城楚復康叔仍廟食當其控大邦車乘誰之力

頓方舖夜雪

東風枕畔聞一夜抱寒悄門隙逗清光只疑月色皎

湯陰

龍井真人奇羑里聖人拙問彼浣衣名念此侍中血

高村集中火

舊竈歊風雨危牆卧荆棘張皇挾弓人馬上索烟食

過桓侯里

地以奇人傳人以英氣壽漢祚自炎炎凛烈垂丹宙

葛氏祠

丹心白石枯熱淚黄天老何處貞魂寄秋風吹敗草

路運

一道銀水流晝夜東南血漏巵未可泥焦釜能無竭

城濮古蹟

統正好難竊名存弱可王周家東轍後兵氣此能揚

臨洺關

迢遞大行來跨水爲雄闞應驗鼓山鳴紛爭作戰國

會亭早發

半鉤掛西隅茅店鷄聲早淅淅長林花開從鬢髮皓

分界

人經春臘久地界朔南分塞草更青露鄉心入白雲

新路

馬蹂泥作坎車碾陸成溝日暮前村遠行人愁不愁

望江

江氣連雲島江花散露汀推篷何所見天外數峰青

抵固鎮

沙黄捲夕照草白起昏烟濁酒還三醆孤檠又一眠

夾山關道上

雨洒千山潤風吹萬樹妍濃青覆路峽一線薜蘿天

夜行棠河

雨滯天藏月，雲流夜斷星。蒼菰兩岸合，何處柳枝青。

游覽

曉發沂湖

天心湖面豁，四望渺虛宅。夜靜水光浮，鬢眉一片白。

後河店屏有詩步之

樹葱山色麗，風靜渡情安。新月邀杯賞，閒吟弄指彈。

方山

塔青千岫頂，雲白半山腰。遠想江蘆釣，深探石徑樵。

新開巖

山上又山牽山山直到巔險臨無丈壑高絶没梯天

一眞菴

三圍臨曲沼一逕達孤扉當暑繁陰坐牽人冷翠衣

清洋河上見梅

草色長干遍亭亭有獨柯冷香風遞水疎影月横波

題曾極甫沁園

花栽三徑曲栁達四圍池展案青山對開窗翠竹宜

其二

迎舡禾姿秀穿簾月味凉烟雲沾筆架鳥雀串書廊

卧龍寺

山空猿嘯月樹老石穿根落葉秋風掃蕭蕭晝掩門

六丈舊瓊花池

奇葩傳故老古蹟載新書試問揚州觀花開可昔如

春野

沼荇牽絲浪隄楊散雪花樹遮村裏渡水遶路邊家

烈女祠

褒祠摧亂石荒澗戛寒流千古傷心事沙黃草白愁

孔子飲泉處

夷齊臨貪泉未即清者濁渴則甘飲同聖凡皆不學

回車巷

知進必知退屈一而伸倍元祐諸君子惜與斯言背

郭孝子埋兒處

養從妻子薄祿轉甘旨虧母老兒可得愚孝千古悲

廉頗古蹟

充此負荆心吐握不能過漢文拊髀思寧比起剪箇

黃帝浴見池

一畫開無始生生衍化見胚胎萬物母沐浴三光池

道上見眉山發跡碑字

山川秀蜀巴名字流河朔人傑地生靈男兒當卓犖

左車舊里

上卿秉國成左車輔震德賢師慶榮懷古人允後則

馮唐墓

漢有馮車騎塞馬不敢嘶干城在牧圉死草尚能知

光武斬石人跡

射强能飲虎力壯足鞭牛雄矣南陽子能落石人頭

其二

刃指星辰隕戈揮山岳移斬蛇眞帝冑死尚廟西陲

過高村

畫樓挫粉欄雕壁零紋石燕子飛鳴來尋巢循夙昔

郭氏貞烈坊

但愁入地隔不願戴天長臘至氷霜白風回草木香

夏過長兄山庄

現摘新蓮嫩隨烹活鯉鮮風凉生客樹茶冽試眞泉

子貢墓

還辨幾游俠經財近貿商所賢北面聖不僅四科長

杜村

杜地多南田南人不借遷我相高下勢無土不可泉

滏道

濬滏誰之功兩令一廉使繼此惜無人地赤輒千里

百善驛

通衢官驛罷瘠馬繫西風何日兵郵息休敲木與銅

梅下應諸僧索字

我愛菴前梅不共繁華開淸光迎皎月冷韻覆蒼苔

其二

我愛菴前梅倒壓枝叢下但許提壺人不容繫馬者

其三

我愛菴前梅亭生大道側多少行路人顧盼去不得

獨山

臨空出地迥致雨接雲低莫道孤峰小千山一望齊

其二

田舍分遥景烟霞作曠隣一瓢堪佳老何復問逃秦

讌集

河村阻雨

浩水孤堤處小樓聚客時出門風雨驟舍此復何之

其二

良晝春光掩花枝總未蘇烟波平百里敢楫莫愁湖

楊克任見訪

故人天上來一洗塵土目劍氣插青雲珠輝流白屋

秋小飲魯極甫

投菊家醪冽迎霜稻蟹肥更深休秉燭明月伴君歸

夏晚飲彭羽皇藏春閣

夕暉垂屋春山色撲城頭莫漫停杯看奇雲不久畱

酌君愼小樓

山色憑誰買烟霞貯尺樓有時邀客醉共卧白雲頭

過陳子不値

林鳥調新舌山花發細馨主人騎鶴出門掩萬松青

懷鄒王度

千里臨岐話三年叙别詩那能魚雁隔亦豈葛裳移

曾爾允邀飲牡丹

其二

簷前高赤檽纍纍貫珠串下有爛熳錦鋪成紅一片

葉綠顯花紅紅深浸艷紫紫荆朶不豐辛夷色讓侈

其三

天香孰與鬧但把灼灼姿春風向席吹珊瑚入酒巵

其四

誰言花富貴富貴不如花花能百年在富貴久幾家

其五

是花隨手植却名王家紅轉移千姓有可記主人翁

其六

寺閣萬重青近河流帶碧花徑緣後開城市山林宅

其七

花開昔年開故人每我飲今舉花前杯無自叩長寢

其八

故人嘉有子飲我亦無數爛醉莫歸去紅粧原舊主

題詠

讀齊子詩

峭刻而險幽都未經人舌別有蹊壑開窮極乃復絶

粲者

每見紅顏妒不聞白首憐人生難再少結好趂芳年

菴中閱醉翁亭蘇字眞刻

員活龍蛇動淸剛鐵石斑坡仙元未死此手壽名山

晩樓

霜淨跨洲遠樓高落岸空漁燈三五點星落夜江中

屈枝樹

物性多翘上拳然獨此尋甲交宇相節下逮后妃心

月當天

皎好却當面邀向懷中貯猶有閑月人刺刺坐燈語

晩與幽璞雨中見螢

深林匝方塘波影都難別何物閃爍投黑夜飛紅雪

夜訪姪輩讀書

道院城譁息秋宵夜氣清樓更風斷續間送隔牆聲

不醉

每負花間約嘗虛月下盟酒泉官太守特廟祝劉伶

叫鵲

刷羽上層空新聲高嘹啃趨起田家耕何異勸農詔

砧聲

雙棰入夜鳴恰到月三更那問邊闗怨聲聲動客情

冬夜園中

立月

碧天淨如洗寒䰣從空瀉人濯氷壺中形骨與之化

侍雪

萬象都斂容冷光飛一派御彼射姑仙總非人世界

對局

有涉擾萬腸無着脫千慮人謂手中談我謂心上語

圍爐

簷短檽窗疎斗室納寒冽論難夜無休貪此星星熱

竹韻

霜摧萬个落瘦骨敲音碎珊珊玉石鳴戲擊湘娥佩

松濤

謖謖聲何來不是風吹播夜靜遶牀頭竟落海島卧

窗坐

重綿不能禦乃封一片紙神與清虛近月上倍宜此

簾行

踈紋明暗閒幻變雙眼孔步虛如有人只被烟霞籠

被褐

敝縕燕居安古人曾草木所以夜行錦令聞不能燠

冒氈

嘗慕浩然製賔迎恐弗得醉後聊蒙頭搔頻莫厭側

翻書

我生後千古面目期神覿剔燈艮夜深為之起鼓舞

課文

無限境與趣談之入三昧匪惟度金鍼悠然我心會

炊醪

偎梅侵寒香狎月暱冷魄耽此淒清賞所交獨歡伯

瀹茗

探咀菘蘿香英英凉盞露入腋清風窩搜腸白雪句

爇炷

一縷養銅猊布帳爲蒸鬱清供子夜時便是無量佛

挑炬

恁是避晝囂不如夜坐靜熠熠伴孤挑心花開玅境

支枕

最是醒寐交清爽生别致瞑目獨垂頭稿木深山意

擁衾

山人愛獨眠絮被緊折束酒氣戰霜威駸駸縮雙足

聞魚

入夜紅塵歇萬緣消一切曉鐘倚霜飛冷冷浇心鐵

聽漏

城空萬戶烟月落雙橋水寂歷寒更敲那禁清思起

雨中咏物

竹

幾莖直琅玕雨潤青蒼倍个个長葉尖含着珠員碎

菊

養花先養葉細濕須淪浹他日花甚開片片綠綺摺

石榴

累累綴枝上偏向雨中紅種奇真海外丹珠掛碧叢

水蕉

綠蠟漸卷抒涼陰掠窗晝微風月下來翩翩曳翠袖

葡萄

一本發萬藤盤旋青蔌蔌葉滿不見天露坐深林屋

海棠

性癖愛隱幽生長嬌無那點點滴向堦紅顏敲將破

玉簪花

團團盆中青分紋何勻細雨放圓暈張小若新荷弟

鷄冠花

天生毛羽好喈下立凄凄可憐紅冠子愁殺不能啼

紫菓萊

藤長漫引牽結實纍亞亞中含紫胭脂淋漓隨手瀉

灰條菜

亭亭高一丈層匝四枝齊子結碎硃砂莖挺長青藜

十聲詩 有引

遠水孤舟凄思悄夢聊用索遺耳烏乎詩

艙聲

寸薄船底木隔水原恍惚洶濤沸釜騰此身將汨汨

篷聲

帆腹任飢飽一嘘還一翕摇曳受馮夷高吼誠岌岌

篙聲

十丈長鐵竿直搗深潭底霹靂碎琉璃怒龍從淚觝

槳聲

利刃切霜波團圞天光破迸出萬顆珠隨手輕顛簸

櫓聲

神蛟利用鬣搖波分水轍不銜斡旋才汩汩水底舌

檣聲

一板水城上細縫透毫末半夜側風吹簌簌耳根割

纜聲

誰將萬石弩凌空曳急弸十字交牙過刀戟聲何訇

舷聲

晈皎月下笛龍宮美人聽不則輕箸敲如何字字應

桅聲

我有通天柱矗上高無匹夜來風箏兒騎着吹觱篥

窗聲

一座碧紗厨移在水晶殿唔唔尖巧舌撩人不見面

古城三義廟

真是兄和弟何須伯與王三分延漢祚萬古植天常

咏松 有引

歲巳亥春三月居墓埋松閑七日坐卧飲飡其下因撫景成之共二十首以志緒注丘隴之意

松風

小聲作潮音大聲作虎吼元氣鐃鼓吹笙鏞復何有

松雨

東風催陣來墨雲覆深寂一陣霤點敲散作千萬滴

松月

明是一輪秋破碎搓清景獨坐夜更闌琉璃散金井

松露

山空天碧洗滲漉濕無聲曉光開曙谷仙人掌中莖

松雪

一夜凍雲飛六出奇花落最上翹聳枝飛來海外鶴

松霜

凡木愁染霜歲寒此獨見耐得九冬完青山共面面

松霧

隹氣日醞隆豈教寶光銜自玆藏益深虎豹待時變

松霽

一朝凤瘴開巖穴發幽爽山人望氣知翼翼排青仗

松晴

黃雲依石吐紫嶂入霄翻近煥川巖麗爭榮鳥雀喧

松影

踈踈與密密直直與斜斜參差景紛織翠積互交加

松頂

山川拱攢葱雨露承高賚巍巍出雲中九天擁華蓋

松杈

天生傲骨堅莭軋互交曲兩兩鬬聲敲淸音響戛玉

松節

木兮皆可析竹兮皆可破鬼斧與神斤焉能爲之挫

松毛

暑前便伏秋紛掛叢千線霜後便回春青葱展一片

松膚

多年甲與鱗層層出斑駁磨煉肌骨貞鐵石鎮川嶽

松苗

蓂葉惟卯月松苗可驗年節節相抽剝翹首直上天

松脂

匪惟僵木香根深自流澤草木精靈完千年掘琥珀

松粉

晴烘枝上黃細膩別無比仙人以爲糧寧數芳香餌

松果

結來不可食爐內紅團喜茶煎待自風香入磁甌裏

松子

飛去且成林造物理無畢芳潤旨且多不數梧桐實

寫述

市水

水湧舟移陸潮狂路起灘江魚乘浪戲門外且綸竿

夏杪

老農抱旱愁深汲到河底隔岸采蓮盆迎風露笑齒

山中遣沽爲醉人所攫

我未登窩室君已入藥壺不須門戶論總是高陽徒

看僕土模

面孔千行土心窩一聚塵爾無嗟齷齪我亦此中人

見開鑛處

未能溶石液先已燼民脂不是五丁手開先作偏誰

萬壽菴養病

千聲佛課停一點堂燈貼撫枕夜蕭蕭階前響落葉

其二

苔衍門前徑塵鋪榻上衣偕將僧止靜偏可客來稀

其三

清心已戒酒絕慧并辭書何事晨昏共拈花并聽魚

沙

雁聚叢綿蕞馬馳覆玉杯有時吹作雨散滿一天灰

寧野早見薪夫

三冬着葛人五月披裘客總是時艱難荷薪霜滿額

感言

琵琶邀馬上歌舞試筵中薄命天人半黄金賤畫工

旅夜

耳畔鷄聲促床頭倦眼朦任呼渾怯應人在故鄉中

婦人刈蒿

蒿生不值錢憑人刈道側日暮抱蒿歸面蒿無兩色

賣牛

田荒牛乃鬻鬻牛田倍荒那是牽牛去牽將寸寸腸

墾荒

歲饑人乏壯草鞠地艱耕猶恐開耶未官家早討征

夢中詩

每抱心中苦時來鼻上酸眼前銷半局夢裏結千團

夜雨舟中

纜解趁昏光孤舟畱一我滿天雲散烏誰處求燈火

其二

偏是舟眠人難將睡眼放竹篷隙貼艙點點心窩上

舟中瓶菊小蛛網之

秋水天一方花枝憐折供何故蟢子綴往來花間縫

其二

花殊不解語使我心如結爲我抽隱絲縷縷牽難絕

其三

難絶如廻紋錦心繡腸織知者賞識多結構皆五色

其四

五色吐將盡怪非垂簾喜瓶水有時乾花蒐徒倚徙

舟中燬壺係亡見登民感記

物在人何在感兹能不傷權將無巳意作爾月稱觴

閒適

大雨山中

漲水奔沙岸衝流斷石梁不須烟雨棹門外有錢塘

夜坐

慢嚼眞一酒徐剪累珠燈萬籟全歸寂何如入定僧

春坐

動理絲流水新機繹鳥言空虛原莫鑿應欲死心猿

病間

落飯招魚戲垂簾誘鳥翻起眠忘旦暮裁荅厭寒暄

濬塘

惟塘爲田母匪塘曰奚乳塘涸母何求尤須飽時雨

歲時

初二夜月

秋空高湛洌風翳無纖箇界得玉指痕劃將青鏡破

寒食客邸

風雨江城日家家作小筵客觴偏冷寂眞是弔前賢

初霽

雨過天圍洗雲開月暈舒故鄉今夜有獨對意何如

晚庄

風微山氣息雲退月華豐淨取平塲白凉生隱樹叢

立春得晴

迎郊從舊典祈歲喜新晴應恤農胼胝春風代爾耕

春陰

霧下垂山幔雲流被野衣西風吹不散何自挹芳菲

春庄

護屋援溪水編籬匝野花青遮綠暗處那易見人家

霜朝

皎潔徹寒空輕英草上白可惜深閨人清思不及客

宵發

宵發銜寒霧春思客裏羈何處花窗曉鶯啼夢未知

夏野

煖風吹麥浪漲水漾萍紋村小攢圍樹山深匝宿雲

秋霧

萬籟肅無聲鷄鳴三叠納夜女下天羅無門昏四匝

其二

朝行叢樹中樹覆陰如幕不見雨何來雨從樹上滴

迎春

土皷肩頭負金花馬上簪洞庭春色遠但祝飽藜含

春野

晴絲淡蕩牵細草芳柔綰紅緣正爭肥撩亂游人眼

其二

徑曲藏雲僻山深匝樹濃不聞村吠犬只聽寺傳鐘

道釋

僧淡如索字

風和花嘯谷夜靜月涵塘兩地禪宗外醉鄉與夢鄉

涿郊道者

寶劍戴辰星金鞍披曉帳羽流寧異人殊媿風塵狀

僧房

雲塢鐘聲渺松窗日影遲曉鴉簷樹噪熟枕那能移

大佛菴

佛是西天佛僧是西江僧我亦西方人相識俱何曾

其二

俗與僧狎隣肉與蔬偕陳眼痴心自酷味嗜口何嗔

僧室

月到花將醒風來壁欲鳴閉門翻意遠撫枕更神清

其二

敲魚遶殿細倚樹近窗紓佛對無言友經求沒字書

對定一僧

曉鐘千罄靜寒月一階明有景無容着方知世外情

閨館

濟上好事者傳吳士有室兵劫而北咏多代白孑却
排之

此身一刻存安容踵別席瘢痕恐已深試問毛惜惜

世書堂稿卷二十終

南譙吳國縉玉林甫著　晚學胥克承繼功甫輯

詩　七言絶句

行歷

行沂湖中

乾原草屑欲生烟那得清波漾小船盡日迢迢車馬絶一

行雁字白雲邊

初出句城

入夏南行出夏回蒼雲綠樹萬峰堆石尤莫起迴頭浪土

鏗先安洗足杯

滁歸

綠匝紅攢澗壑肥繽紛蛺舞併鶯飛只言春色他鄉好春色郊南人未歸

同楊甲先孫杰士坐醉翁

花自開開鳥自鳴浮雲今古態無成但祭醉眼當時曠那見梅姿別樣清

駐和渝月始獲渡南

迎梅雨足洗江程堆綠篷窗萬疊橫九十春歸初鼓枻溯

湖姑水看流英

發南又雨

門外春江擁渡頭竹篷布幔滴無休傍蘆獨有漁翁笠滿

拍烟波網不收

自姑溪返和城諸友咸集僧文次日歸里

苧蘿山下發扁舟聚首雲堂笑語稠入夜莫嫌燒燭久好

秉餘醉浴香溝

野店

沙漾霜飛客路經半垂冷傀照踈檽三更門外行人語刺

刺分明枕上聽

關山早雪

凍合天雲萬里陰颼颼嚴壑變寒林馬頭那敵迎風力入
面强眈中酒心

永郊早發

三更鷄喚初成夢十里星懸未曉天只道宵征衣似水暗
飛氷作落雙肩

宜溝索酒

馬上寒生玉粟膚千金一夕購當罏重衾添盡蘆花絮好

借溫存到曉無

己丑春二月十七日發 都門

春風匹馬轉初程冰解沙融水色明三十客宵今夜起一竃先已到家楹

途警尾巡使以行

風聲木葉燹竃驚疾隊威驄附後營堪美書生饒禦侮胸中一味借人兵

曉發清風店

千里游絲一絡巡披霜戴日沒冬春何年明月清風店闕

盡紅顏白髮人

新樂河上

洪源迢遞五臺山嶺折谿廻晉魏閒雪浪翻花人面冷氷稜怒骨馬蹄艱

宜溝驛雨同憇一宵乃行

天恤勞人踏玉蹄故將細雨勸烏提醉來莫草梁園句汗漫吟來一壁泥

濮野

濮岍繁花似錦敷淇門綺浪若銀鋪怪來佩贈多遊冶抵

勝江南雨若圖

早行堤上

雨後長干塵不飛天光水色别依稀迎風浪蝶偏撩鬢溢露低楊故點衣

東葛圩

水漲長圩灌百田江潮湧入斷堤邊波平明月淸鱗躍夜半無人守釣船

山宿

巖棲下築四山齊萬木繁青覆屋低窗外曉光渾不見只

來枕上鳥音啼

秋行

來時草碧去時蒼露重天空漸報霜莫作道旁新貴看三
年兩度舊吳郎

過朱龍橋

曲澗長橋雜沓游夾旬無雨報乾秋殘楊馬上離人眼落
日流雲總是愁

春野

雨足山溪瀉白流平陂草色正芳柔林間牧子無聊賴短

篴橫吹倒跨牛

朝發泗河

牆柳青垂曳曉風對山雨送意迷濛叩鐶強起東君夢爲愛朝凉攬去驄

其二

掀風疊浪擁梁高六月中流起雪濤無限烟波收拾盡攜從紙上供揮毫

舟中

長空雲掠天橫碧返夕暉斜水散銀獨笑痴魚船上跳更

憐孤雁夜中巡

其二

踈村隔渡寧聞犬荒岸開耕乍見牛無限膏腴荆棘滿幾
攢生聚非煙稠

其三

萬里銀絲牽皓月一泓玉液瀉青天把杯照水成雙酌弄
笛迎風贈別船

其四

仰聞神龍掀海角奔灘天馬下雲程風翻但怪篷貪轉舟

遶還疑岸故迎

河上

寒欺水面無風冷霧壓河干不雨陰應念小園梅蕊發還思煖閣燭光沉

東二閘守水

麥秀沙融翠鳥鳴春風回首倍牽縈眼花水上千層雪心線雲中萬里箏

寺夜

一榻遼巡一枕摩半生都付浪塵魔何緣此夕多消受幾

部蛙吹併蚓歌

舟中

風埋浪擊是前程只合魚鰕識水情相逢但說江湖客不
許舟人荅姓名

游覽

滁山

殿級樓階徑曲通喬松修竹聳霄空情疎白髮拈花史與
切青山戀醉翁

山間

草瓢隱構半山肩露坐濃陰不見天任是山僧頭盡白樹
高莫復記何年

坐瑯琊限峰之二字

迂折深盤一座峰巖林樹靄碧重重寒無氷雪炎無暑亭
足烟霞抵素封

其二

近里巖溪未熟之松陰步步檢幽奇泉流響叠深寒日山
態烟生薄雨時

南龍寺

荒林冷霧淡烟捫草徑萋萋犬候門夜靜霜飛山鬼嘯一
聲孤磬到前村

雪霽宜溝

沙烟盡洗盪空明襟帶閒垂慰遠征頻眺太行山萬疊餽
予三日白雲程

九龍潭

何年鱗甲出丹垓風雨皇圖遍九垓一自帝騎天上去空
餘潭影共徘徊

汶河大石橋 舊云果老倒騎過此

白石粼粼白水漩仙人倒跨是何年于今世事回頭看繫
着跟隨漫着鞭

湯陰謁　武穆王廟

君命如親敢後行父讎如身忍獨生當年瞋目團圓死那
計千秋萬古名

望西山

少華山接太華峰帝座天門咫尺從安得鐵兵閒散馬更
思酒嫗化騎龍

夾溝驛

欹栢頹垣夾古溝馬鳴日暮聽悠悠梁園臺沼隋宮樹可有任樓復謝樓

古濠

蒼龍劍鑄鏌鋣水玉箏斑推華蓋幪誰言晉代風流尚草木皆兵亦是功

望西山

朝望西山山色恍千峰萬岫芙蓉帳須臾海闊擁初暾猶有紅雲盤頂上

其二

晝望西山山色郁千峰萬岫瓊瑤屋長眠虎宿枕金天古

說秦關雄百六

其三

暮望西山山色麗千峰萬岫星辰裔黄河天外繞雍京實

籙何年天地閉

漕河

河水清淺逐沙徙坐凳水中見游鯉多少漢兒養活求行

人偏恨隔千里

鐵佛寺

古寺霜原幾木凋兎狐嘯聚草蕭蕭深更塔上銅鈴響冷滴西風逐野飄

河上杏花

赤城霞翥曉騰空戲水魚兒向影叢更看花輕浮片片錦鱗翻處趂波紅

江上二十絕句應吳三守之作

江雲

簇簇行空十二樓衡峰楚岫佩環鄉想來不放芙蓉帳便是晴波映翠浮

江月

岸樹聲銷息火眠碧空如洗湛中天微風淡漾分波暈一箇淸光散萬圓

江風

欻欻狂飈勢若奔蘆花慘亂日黃昏兼天雪浪千山動開眼孤帆界綫痕

江霧

海𥌓全經夜氣蒙長年醉眼認西東鼓吹陣陣官船發人在溟濛水閣中

江雨

風捲潮雲水面搏烟波一派起漫漫孤舟蕩向青蘆裏却羨篷牕細點彈

江霞

幾道飛虹曳影長繽紛五色煥文章看來機杼天工玅倒映清流着錦裝

江聲

無風亦自起波輪細聽何如釜奏薪夜半枕邊難耳閉埋頭汩汩水宮人

江雪

空裏寒光蕩遠晴瑩瑩細片落無聲荻蘆兩岸飛鴉沒幾縷漁烟入畫情

江晴

莫羨超然過洞庭水成明鏡岸成屏無窮樹聳泉巖在一揭孤篷萬疊青

江照

誰從天半拉陽戈千丈金輪一絡掩敢是懸披烟景幅滿江樹影倒清波

江峰

細嫋岧岧削秀堆筆鋒遥插自天來最憐霽雪青螺出更愛晴空翠幛開

江塢

岸轉汀回漭蕩中匝籬榆柳結茅蓬無人知得桃源路但有青烟上裊空

江城

臨空雉堞勢衝霄烟雨樓頭望信潮最好憑高觀競渡紅旗閃處浪頭招

江寺

鷲嶺從來幻境憑青蓮水上擁層層艤舟一試雲林步海月山花夢裏徵

江漁

雨泊風棲徹短篷頻年自署蓼花翁歸來瓦缶謳兒女曲港星攢樹影紅

江市

插栅編蘆傍水隈繫船門外浪潆洄得魚去賣隨提甕不待城中換酒來

江船

一絡岷源萬里流衝風吸浪那能休有時緩楫平帆裏無限烟光撲案収

江樹

簇簇烟堆翠靄交春來潮湧最高梢獨憐霜後攢紅葉一聽風吹并雨敲

江蘆

芳洲綠水鬱森森遍佈埧圩翠滴深試結半間茅屋住不須雲樹買山林

江草

萋萋長浦簇葳蕤却好江皐養鹿麋誰是浣花閒散事收
將二綠到雙眉

春雨河上

一春風雨悭潛潛滴級長堤翠草斑河漲那堪潮信湧波
高飄去索頭山

其二

栁浪參差麥浪攢更來水浪弄波瀾農人且學漁人智戲
水游魚拾草灘

河口泛飲

一杯一杯又一杯淚若傳籌槳若催曲細翻飛雲外鳥鼓轟響汨水中雷

其二

山如點翠水如銀花若攢霞草若茵泊岸村村尋翠墅夌波步步映芳瀕

其三

山饒樵斧水饒綸萬石珍藏甕裏春幾見風流更李白却來款致再汪倫

赭澗盈潮

岸澗潮狂湧入齊淺殺長青一線隄夜深欲泛中流月寬
斷瀟湘返棹迷

石潭古蹟

津頭古塊落星拳父老何知自甚年閱盡飛篷江上客只
留冷跡動人憐

圩中

淼流十里蕩山根草色淹殘斷逕痕搖得小船勸問酒依
稀烟出柳梢村

其二

一派荒圩瀚海奢千蹊萬壑滙無涯游魚仍作江心躍平白波中鬬雪花

同吳錫予郭矦衛楊心怡登酌南山

酒牌逐箇賭安排去疾來怵敢悞差杯到莫辭今日醉看他山下活人埋

早春同聶子園中

春風有意襯春宵物物芳鮮觸眼挑葉底乍含香蕋細枝頭新弄鳥言嬌

邑北金山寺

不翻貝葉却栽花荒刹隨成爛熳家玩與高時須索酒老僧難惜破袈裟

寓滁僧閣

我寄禪樓志逈清寧將丘壑換闉城輕風動觸旛鈴響皓月穿搖佛鏡明

其二

我寄禪樓景逼幽一經雨過竟如秋螺紋雲結千巖頂碧浪風吹萬樹頭

其三

我寄禪棲興自豪紛紛塵土視吾曹數聲石籟松梢隱一片氷輪殿角高

其四

我寄禪棲影泛空碧霄身在蕋珠宮交簷扇動千章葉繞案窗開四面風

其五

我寄禪棲想入微瓊臺玉圃總非非飄來磬韻青松掠鏤入茶烟白霧飛

其六

我寄禪棲境絶援天機渙發悟無言花知獻佛穿簾入鳥欲絲經向席翻

其七

我寄禪棲象豁開喻形解意亦何憾挑歌遥遠疑傳板把酒臨空欲落杯

其八

我寄禪棲體近神古今瞬息世微塵眼超法象寘真境足躡虛空見異人

過露觔祠

璘璘孤潔迴凡殊不亂投懷世所無畱得一身清白骨甞
隨明月浴平湖

春登南山

近郭登山足豈勞隨家出酒價寧高即看野馬隨風舞也
勝窗蜂隔紙搔

其二

春鳥嚶嚶春木叢春雲蕩漾靄春風將拨簾洞脩樵叟還
判魚臺署釣翁

登大白樓

海曠天空眼角傾千秋濟上註樓名于今豈少真狂客誰與凌風醉玉京

晤遣

與一如陽生飲月限七陽

客館江城夜未央何人歸袖楫滄浪秋思亂逐蘆花蕩門外寒流萬里霜

劉子書索字游南

飄零我亦乞書人安有仙航引渡津一夜東風江上急吹

將空裏紙鳶輪

順南遇司理王麗五年丈

簇擁雲屯羽騎充官亭前導發匆匆于今交意眞君子馬
上相逢一折躬

曾爾允邀看牡丹時已落半

舊蘇春深出錦叢分枝辦葉鬬東風主人不愛繁華意但
取樽前一點紅

其二

春來幾次訂花盟今日花間踐至誠要取流連多進酒故

教繾綣惜餘英

界首訪張紹吾

黃梅雨足燕鶯窩道上行人辟暑波訪到垂楊深綠裏新茶共嚼聽犂歌

山中對邵子

七載飄零解橐游大江東去故園秋浮生已半無家室不作山僧也禿頭

讌集

飲周子樓上看蘭

樓上幽芬繞靜寬迎窗堆岫翠投門天光倒現杯中影怎繫孤雲一片根

滁上對陳四府回飲胡子

山城雲樹暗郊東高列銀釭畫閣中正厭雨邊嘶督馬恰來夜半落筵虹

夜聽一如琴

靜樹虛階月半斜古紋間撥北窗紗數回羽調寒生骨人在清虛第一家

晩酌蔣子

年來親故念凋殘老眼開逢孺子懽莫道貧宵無下箸清光堆向滿氷盤

誕日長兄移酒菴中

山空野靜白雲浮僧院蕭疎儘自由閒步窗前數落葉一樽藉對海棠幽

嘉平三朝演家小班爲登兒之誕兼祝恙起

一班垂髮舞宮裳引動春風入草堂天上壽星將注籍人間樂事共稱觴

飲君佐弟

百花堂下紫荆稠肴似山峰酒似油紅蠟高燒三矢盡猶敲小板試新謳

送別

畱別武伯志

春風吹落滿城花搭上江篷逐水涯笑譜飲牌都載去獨畱明月供清華

畱別一如

靜院茶香汲雪煎淸更松籟撥氷絃明朝不費風帆力借得蘆枝采石邊

畱別易陽生

一水横舟紫荻灘濃陰溘露夏宵寒江南縱有青山玩怎似峨眉首聚看

畱別陶翼勛

天街樹影月輪梭有酒隨斟有曲歌明日翠蘿亭上望江長岸濶待如何

畱別柴天羽

濃紛椰帶翠生烟日日杯銷麗景天欲攬東華同載去春風那肯住離舷

倪學博趙長公餞席

寒烟臘樹散東郊暫勒金環進路庖琴劒漫擔氷雪債春雲漸次護蒲梢

雲甸岡趙邑侯飲別

冬餘霜雪剪蓬蒿戸戸經營送節勞今日不知身是客酒濃千里着温袍

保定店中與牛价入年兄相後

邂逅相邀結轡行浮雲倏散太無情分明咫尺前村榻兩處空樑各月明

過泰郵書別詹靜菴并其公郎鷟一

海陵客館閃星燈千古鍾期記可曾急欲花階傾舊瓮奈何霜角報新氷

其二

何物瑶花下界生膚神別是一般清雖然暫隔風流塵側耳雲中伴鶴鳴

別劉止菴口占二句隨續成之

無地堪容右一席有心獨許我千秋當年賀李知誰是且醉江邊舊酒樓

疋

詹韓

世書堂稿卷二十二

南譙吳國縉玉林甫著　姪學金之鑛珍函甫輯

詩　七言絶句

懷慕

偕石友約觀青山不果

挑燈對雨訂山緣塢閣崦樓夢裏拳何事繭蠶封雪甕空
教仙犬候花磚

滁上憶悔

寒巖凍壑放春遲歌管無人淡漠宜客病偏擔和靖夢移

來淸瘦上雙眉

訪張聖臨不遇留感

駐馬街頭訪故人白雲移去舊東隣幾年渴夢空回首盼到横山䐗濕巾

漳河橋斷存字蘭嵎劉司李營之

水漲沙奔赴大東天開十里曳長虹宰官合佈津梁力莫使途人泣阮窮

龍塘村夜閱中郎集

萬樹聲稀月綫光霜華䐗下薄氷塘風流此刻惺惺見夜

半床頭抱楚郎

盛肇熙新遷得子

白下栖栖十五年吹風洒雨幾根椽于今華屋連新築且
有寧馨弄洗錢

其二

年來一箭中雙鵰子結偏先出右條多少精神能奏效求
人那得不功驕

喜張子讀書粟園

僻徑城西構靜齋山青樹碧案頭佳妍褰桂子風前帶莫

逐萍花月下看釵

濟上呈朱座臺榻醻二爵後嘗所存者始知誤投火

酒甚爲愕惜因記

立雪欣從濟上偎春風不飲亦酣醅于今枉效青州事媿

之能嘗主簿才

其二

希賢仍上聖之流試味驚將雜伯投千里一尊徒洗足那

如好事子雲游

題詠

彭太守寄茶

半勺新茶寄女江英英浮出雪峰幢詩魔正許搜陳胃埵障還須解困腔

竹上刻詩

無數琅玕遍刻通陽春白雪幾人工此君不慣擔酹和徒付蟲涎鳥啄中

歷陽客中

小年兀坐白團窗永夜孤凋赤蠟缸積得凄凉無處頓一齊載去滿春江

其二

三月林鶯喚冶游江風一曲畫蘭舟倦來頓起鄉園思草帶花茵可勝收

其三

三竿晏起曲欄憑筆亂杯顛發未曾酒意濃將花露湛詩思蔚與海雲蒸

坐竹

新篁矗矗匝青叢掃葉無人徑不通晝坐梧桐千樹井夜眠蘆荻一江風

梨花

朴艷寒姿向水涯春風卸盡始成花莫因遲暮慚桃李桃李朱門自一家

卧龍寺

古刹何年説卧龍蕭條一望北山踪苔延古殿無僧掩夜半寒猿學护鐘

月下

拂拂垂楊挽玉樓朱欄簇擁翠衾稠今宵滿把珍珠露便抱清光慰白頭

書漳南店主手卷

一幅吳綾鏡面懸却將烟景織廻旋幽人兩事嘗消受門裹青山門外泉

月月紅

逆旅流光到眼空雲心水意任西東獨憐一架纏綿樹月月枝頭竝蒂紅

中秋種罌粟諸花

小園百卉轉霜凋喜說花神慧可邀只借風流雙玉腕開時應許對瓊瑤俗云麗人種之愈艷

牧豎

世路焉離惶恐灘幾能覓夢也清安獨他飽喫酣牛背上下山坡不據鞍

赤葵作毬

萬朶攢來揹一圓繽紛五色炫風前夜來應獲珊瑚網打得驪珠徑尺懸

瑞香

湛綠錦邊吐淡紅佳人堆髻綰春風尋常只訝多頭腦萬箇芳心總一叢

盱山懷古　泗河

地闢中原枕上游閒雲墜影泛悠悠扁舟日暮揚帆去難
載懷人萬斛愁

其二　水母塔

巍建浮圖鎮大封山川不改舊朝宗老僧風雨常焚祝驚
醒猿啼夜半鐘

其三　五塔寺

排塔何年砌石根嵯峨聳出捍天門梵王殿上凭高眺草
木萋萋徧故原

其四　浮橋

橫舟鐵纜架虛梁車馬雲闐競渡忙一派安瀾橫玉帶當年端拱號明堂

其五　古井

片石奇開十丈深汲來五濁息薰心應知地寶源頭秘却向山靈勝處尋

其六　歸雲洞

巉巖陡壁鑿深堅側徑低門別有天果是山中容久住封來萬疊老雲烟

其七　天妃宮

仙裾縹緲最高巘粉棟丹楹瑞氣函莫把陵丘霜雪望青葱何處舊松杉

其八　玻瓈泉

清圓一派湧瓊珠晝夜環流總不枯獨看盈虛消息易滔滔日下逝江湖

跳魚船

浩水溶沙恁四游無人敢誘上金鈎緣何誤認光明隊便欲飛騰怎自由

歷下望古

東方朔墓

至尊片欲縱何極一笑回天不沾直安能星精代立朝堪餘四海蒼生力

禰正平墓

天閑人隱龍無首漁陽不殺能甘醜書記何恭罵何倨枉壽何瞞一段手

董子祠

大儒一言蔽之腐其生晚季其學古假云義亦可爲利斯

人顧奴那爲主

顏魯公祠

平原太守死爲神志士一言佩諸紳顏色如生歸孔阜自
是夫子一家人

孔北海

救人從井豈利他緣何善用若朱家稚子不言奈老母鴻
毛九鼎爭些差

卞望之

相傳八達酒之雄沉湎阮郗締兗東至今白下將軍廟萬

西江流瀉壯忠

吳處默

矯情絕物豈時眼一犬嫁女何其簡哭喪憐母爲投筋大倫大節却無赧

汲長孺

主仁臣直世所講雄風剛略投之罔謀憚淮南不足多獨念戚君許其戇

楊荊石出漁翁扇索字

掃斷營蠶并賣竿巖青漁白共盤桓得魚換酒深蘆內不

許人間說釣磻

買花

秦淮春色等閒堪却被行肩一担擔擀取青蚨三百貫荒園占盡小江南

其二

含苞帶蕊綴枝頭白白紅紅晴裏求好祝東風加護惜開時應訏古揚州

步范令治先題劉公祠

撫字荒城賴令君仁聲誌載豈虛文想因一念誠求篤落

得千秋矢報殷

寫述

蹴寓崇西

東鄰藁腐齊儂屋西舍灰堆塡我足可惜流人沒箇田黄金滿地收也不

其二

耽靜何山能太古僑棲何地爲安土滿庭葉落木天居環壁蟲鳴丹穴處

其三

築險臨虛危軋軋單椽稀瓦溜滑滑夜來海上颶風狂只恐仙昇連屋拔

其四

細草叢叢搨下生飢鼠陣陣人前立珍重來時幾卷書高掛梁頭莫浸濕

其五

築垣切莫築高垣明月清風何處援賃宅切莫賃深宅清風明月從中格

其六

樹作樓臺鳥作曲步是安車影是僕簷下蛛絲掛錦㠉室中螢火爇華燭

其七

不聞鷄犬獨家村啓閉隨風短蓆門天地蘧廬聊寄我江湖比屋暫遨昆

有感

不解眞愁金屈卮花開落盡燕來遲縱饒吟月披風興可勝尤雲殢雨時

客中久雨

莫折芙蓉插寶鈿誰拈翡翠拭朱絃看山謝屐偏摧齒賞雨劉囊却乏錢

春日客寓

撲天花柳去無門掩卷肱間印頰痕怕見吟蜂和語燕可宜窗外月黃昏

病醒

度陌懶身嫌習馬穿林倦耳怪啼鶯春山獨伴紅綃燭雪笋誰烹白玉羹

燕邸夏日

浮名大力有無扛漸老才華暗自降却想清凉天上闕輕
篷細雨荻蘆江

其二

朱明末令暑無雙葛褪殘紋滯帝邦記得去年三伏夜簟
紋紈柄小東窗

其三

雲屯霧匝九城圜河朔風流興率删聞道玉泉堪滌暑紅
塵無那隔西山

都門將發偶值夜偷

破落芰荷幾件衣秋風一夜啓潛扉平明尚有餘身在仔細鬚眉濯濯歸

其二

可惜偷兒計左橫書生院落一空營堦前賸有銀盤掛任爾懷揣與袖擎

野獵

雨露秋濃草徑深雉藏兎伏費跟尋邇來常味尊官厭不獻家禽獻野禽

其二

紅牌皂莢四鄉屯真僞誰知致向論斂畢荒秋男子出愁
當累夜小家村

葛圩放馬

千頃膏腴水澤鄉年來土滿坐空荒將軍不管明農事且
把耕庄作牧庄

其二

往昔春田趁雨耕飽酣牛牧弄歌聲而今有馬無牛隻落
得村童學擺營

山中念西渚桃花

幾年未遇里中春近水桃花觸眼新好語東風枝上護殷勤少待白頭人

閒適

病間

陌上春光錦簇排隨題花鳥聽杯差使君却被西窗鎖閣破平頭一對鞋

其二

鶴算偏從清瘦長皓衣殊頂耐氷霜先能養就蒼黄骨不落人間藥石鐺

其三

最怪春深細雨瀟鞦韆架上濕紅綃青青莫折西橋桺應

向風流換作腰

山村冬月

草枯木脫遍空華山客孤眠冷淡家却喜深村獰吠犬更

憐踈樹穩棲鴉

西村

歸來彭澤日閒閒逐舍投村任往還縱飲惟扶三老杖濕

吟獨對一西山

秋初南峰門坐

我愛山門拱峭峰插天無數秀芙蓉一番雨起青烟罩幾道泉飛白雪踪

其二

我愛山門帶湛湖弄深水漲漾鷗鳬微風波面平紋掌片月天心倒鏡圖

其三

我愛山門俯曠田良苗一望翠生烟花開午候香芒細穗飽霜朝玉粒闐

其四

我愛山門繞四林參天古榦蔽重陰屈披不用張青葢露卧何須理素衾

其五

我愛山門枕衆岡阡迴徑折勢騰翔迎春草甲鋪柔媚帶雨沙烟起鬱蒼

其六

我愛山門駉百村犂雲鋤月伴朝昏飽粱長晝鶏啼屋依樹閒眠犬護門

其七

我愛山門擁幻雲千容萬狀變紛紜秀如翠靄樓臺架怪則猙獰甲胄羣

其八

我愛山門納遠風孤撐突兀排青空長林落葉一簾滿淸磬寒宵萬壑通

其九

我愛山門喫好茶靜中滋味淡生涯凉飇滿腋含氷李露浥空心爇石霞

其十

我愛山門舉快杯吁今嘯古一無猜滴消濁界紅塵盡氣

惹蓬洲白鳥來

河夜

月正風停却二更青山碧水樹無聲寒光遍鑄琉璃界人

坐清虛不夜城

歲時

客邸中秋

年年此夕寄天涯桂馥梧凉夢裏賒夜靜江空光自度怎

生安頓小窗紗

雪夜滁歸

東風捲起白花飛片片輕盈上客衣夜半莫愁前路暗清
光照徹玉人歸

花朝值風

二十四番次第輪萬花今日是艮辰封姨一夜加鞭策不
管人間百萬春

朝起復眠

櫛罷方呼曉鏡開雲濃山浥雨重來瀟湘贈我新凉味不

許簷光送影猜

病起中秋無月

紅菱白餅紫芋團强伴家人笑語寬多病休文衣骨立羞將憔悴素娥看

雨後

碧塢丹崖草盡芽籬邊枯樹吐梅花山溪雪釋寒流遠遶過前村第幾家

夏村

細草閒眠夢不猜深林靜坐影相陪池中月現隨浮沒石

上雲生聽去來

途中二月八日雨

農家此日卜凶豐此日瀟瀟雨故濛但願五行多日錯還
期千里不雷同

都邸中元夜月

芙蓉殿閣徹氷輪滿把清輝入夜巡應有吳姬宮裏戲蠟
人掌內弄浮銀

冬陰

習習風窗小院深城隅無事兀山陰嘐唔若有相思句却

是敲推不是吟

白露

入秋此候第三節萬物于兹斂一切人冐金風慘不知星
星暗綴盈頭屑

客夏

暑氣銷回近二更清光一片落山城夜深莫向空堦照隻
影孤輪兩不情

九日東庄雨坐

林昏徑滑野稀人辜負登高酒事巡便是黄花隨處有那

能白髮逐年新

冬初喜雪和林中翰步東坡四題其一聲

粉碎虛空大地盈撲簷洒竹寂無攖應知玉女安閒性細剪氷花落片輕

其二色

曉窗紗薄透空芒影接梅花上粉牆人在玉樓仙界內不須拭鏡髮生光

其三氣

萬籟深更攝肅齊朔雲山裂凍天低嚴威妒却紅爐焰瘦

骨潛生玉粟倪

其四味

玉髓瓊漿不謂然清新迴別舌尖還歸來試點天池蕊應占人間第一泉

簷氷

千條玉箸掛樓簷倒織波紋一水簾怯冷佳人貪擁坐不須秉燭夜光添

元日入山家昆荅句蔚起予無以應

戴雪松梢綠未勻山城寒色暗銷神感傷壯志歸衰夢懶

祀新詩應故人

夏雷不果雨

水涸沙乾惱鴨鵝望雲狂叫瀉滂沱指頭點大流星彈只灑塘灰幾箇渦

秋夜

一夜秋聲攪竹窗布衾瓦枕燭憧憧清淒此夕堪尋味門外孤舟荻雨江

山晚

山下寒流白滿田孤村日暮起荒烟數椽茅屋清光入敗

葉隨霜到枕邊

臘雪

銀花近晚散庭除迸入寒光白晝如莫道明年田事好小窗先得點見書

冬日舟坐

霜波晒⿰火委手堪掄朔漠誰能靳小春試想金門延漏客可知茅屋負暄人

五月六日初發

炎塵暑蓋苦天長蒲柳何知飲露凉客館愁繁技枕卧解

衣猶見赤砂囊

道釋

慰普喻師喪明

千番幻局難瞞眼三昧眞詮合內觀寄語上人休介意靜中萬物一般看

二寅僧

楚山淮水總天涯宦跡僧游各一家碌碌無成砂作飯慳慳有悟鐵開花

弔聲生僧

爲問上人來去住便生今世仍胎素一朝解脫骨飛灰應
是化身而得度

慰達生僧

菴中寡寡兩兄弟一生一死傷心涕我勸生者莫擔憂惹
得死者恨不閑

對自然長老

禿翁枯衲兩餘生拈盞圍爐共話情坐久骨毛涼入水那
知殿角月三更

坐寶積念默上人

樹竹叢青匝四陰高樓雲鎖晝沉沉一輪堦下寒光月照見當年入定心

泗洲菴

踏地爲床伴佛眠蘧然一覺了空緣荒春木脫風無響長夜香盤火自旋

菴中午睡

鬚眉巳誤齒牙生南北擾擾此寸旌片刻禪床無鼻息辭將蝶逐與蜂攖

閨舘

張芑九授豐令攜寵之任

塞北高凉寄一官春風借去半枝歡豈愁燕趙無殊質白鬒烏紗兩事難

戲贈秦鉉玉新寵

城隅別搆小孤園引置淸流遶檻溪莫向風前吹玉笛落花深處睡雙鴛

道上諸婦從遷

落花無主逐天涯馬上暗歡莫問家今夜虎頭深帳夢只愁錯喚舊時他

途上殣婦

嬌妖只合貯流蘇鐵馬風沙殄玉膚薄命久甘黃土殉豈
知黃土一抔無

陳家渡

渡村女婦競以三月望日入城進泰山香舟已抵
岸以諠起溺者三十有四見而哀之

生來荆布合閨中香火神明念自通一旦鐵船沉溺水何
嘗親到碧霞宮

其二

幾日持齋發願專只求好嗣與良緣未登彼岸身先死骨
肉分將促命船

其三

年年此日笑嬉多細草融沙棹碧波只道爭先歸去快那
知無路轉家坡

其四

全舟三十四人沉中豈無人一善心敢是聊容羣赴選泰
山頂上聚華簪

河游

一羣簫管遠中吹惹動珠簾捲晝垂只怪樓頭楊柳密風流掩映耐人窺

其二

日長繡倦漫嗟呀閒倚雕欄拂袖斜只道荷花生水面那知高閣出荷花

其三

游舫歌船奏淺灘春風隔向一簾難分明瓊玉檣窗出何事猶將紈扇搏

其四

大姓閒都淡掃長平康也學內家粧相逢渾亂難相別對

眼頻猜箇箇忪

世書堂稿卷二十二終

世書堂稿卷二十三

南譙吳國縉玉林甫著　曉學劉天篤漢材甫輯

詩　七言絶

慨悼

紀夢

宿丹陽山中夢　先君與客談平生志遇以酒爲

譬子從側論荅相與感慟而覺

水米麴蘖治一般東家如市西家閒假饒苦澀歸人拙却

也清醇遇獨艱

過江寧鎮憶甲申歲迎　先慈憩此

幾年雲樹鬱蒼然近市羣鴉趂暮烟記得江程投旅夜慇懃洗爵進燈前

聞失長孫虎兒

五十單孫舉亦該其如三載眼花猜于今落地知蟬脫未識誰家又鬼胎

其二

未能爲子先憐兒此是人間一大痴遲早有緣多寡分但看桃李落花枝

元日入山謁墓

歲朔山程耐蹇蹄千巖寒瘦雲松齊昨宵封得除年甕滴向壟泉破凍泥

侍几初殮

青青麥葉露承晹野徑無人處處花應想少年靈性慣隨風泊水弄生涯

其二

青青柳葉露含烟何處行人不手拈恰値清明墳頂就一枝插上好標錢

其三

青青萊葉露珠攘花到開時遍畝香小子半生隨主出今宵墓裡認爺娘

其四

青青草葉露垂酥繡陌茵郊樂倒壺昨日偶酬晴嶽興歸來却少一人扶

弔亡兒

亡兒登民天孚篤厚幼志攻勤仁孝持心謙虛奉世即年來眈疾猶然勞不失禮病不輟功捫凉德

之下波痛英霓之長逝爰抒哀曲遑擇倫音亦其
善行苦心不忍泯沒云爾

養子甘心送父終豈期幽訣洒西風黃顔白髮扶丹柩慘
動旁人也淚濛

其二

髫庚廿六正翩翩折算春秋半我年少者先辭老者去驚
心旦暮燭風前兒廿有六予五十有二

其三

失恃伶仃甫四周劬勞 太母飽温求托將哺乳猶毛裏

生死三慈總未酬先太母一慈先兒生母二慈今繼母三慈

其四

雁行三五濟庭幃瀚海珥宵繼日飛弱羽獨經霜綴早樓前序闕一斑衣時兒輩共十五人

其五

猝折文鴛憐但多呼天莫應奈如何深閨尺地漬紅淚應種千年碧不磨兒月前即囑伊媳不測則他適勿遺宾顧

其六

望歲呱呱泣血兒可憐一事總無知堂前弔哭紛紛客不

識棺中睡者誰時遺孫僅三歲

其七

一櫃書文手自裁墨硃點定儼初開筆床硯架明窗剡怎個吟哦人再來兒酷嗜咏誦

其八

歲時宴聚遁同袍覩姪如見伯叔交妄擬吾家麟鳳屬却先引紼餞西郊兩伯兩叔俱奇之

其九

蓋棺萬事等塵灰一息猶存稱辯才莫道死身心亦死青

青孤塚出芝胎（兒病中不識當絶命）

其十

病裏謄文十七篇清眞端楷細磨研可知筆寶難磨滅應使寒竟夜夜纏（時寫文十七篇極其工）

其十一

十日前猶試課題弟兒師友樂居稽清新點出眉私喜絶筆翻成掩袂西（時尚私拈題課）

其十二

壯志逢年見獵殷操鍪逼欲冠諸軍至今縣壁名猶在作

者何人狗白雲時應科試邑取第六名

其十三

陪場策論已稱雄更錄經文二百通夜半不知聰鬼哭只留汗紙化猩紅經應出題幾備

其十四

粉牆紙格搆幽齋小院蕉陰瘦韻偕死去應登青玉案生來未熱赤洪哇兒性好潔

其十五

筆寶若溪石寶端斑鑪雕盒黑金盤案頭雅玩今仍具只

少清香一縷攢兒用物最佳

其十六

銀光雪積紙千張痴說能書歲月長饞蠹若憐藏紙意經

年忍使蛀成行兒喜蓄好紙

其十七

吾家筆法祖衡山奏對明庭遇獨慳寄得臚傳新式樣學

成恨不布人間兒善楷字

其十八

淹淹夏扇與冬爐車馬門前有若無十載董帷羞見面投

棺認得一清癯兒閉戶從不與外事

其十九

閨令清高説五男薪傳早歲獨能參唾餘隻字猶珍襲弟若追兄啓故函時于尚五男

其二十

耳噪虛名邦國間少年謬冀叩賢關却傷虎瘦心徒猛嘔血淋殘落卷斑兒辛卯入闈罄平日之學

其二十一

裘馬鮮都致自豪瀟然澹遠一寬袍相逢最厭知公子木

養何從露錯刀兒從不事紈縑

其二十二

和風謙節與潛心遠近名流願合簪不識生前何事好一
聞走訃盡沾襟兒極謙篤

其二十三

編欄修砌喜栽花月下談文有慧牙一鉢家言將問世豈
圖天上赴公車予談文兒輒省

其二十四

不死鬚眉踵丈夫進看尺亂撫煢孤笥中封有遺書在晒

讀他年感父勋見死子悉封所習事

其二十五

昔日流離語水濱村村風鶴慣愁人挈昆扶母多驚竄博得歸巢輒掩窀見從避亂浙中播遷苦極

其二十六

燕客年年苦數奇家函接得輒開顧貧愁千里談如面此後衷腸有夢披子滯都門接見家字心輒慰

其二十七

書生絕不躡公庭落落風期物色冥幸有文章真賞顧知

希也得覆棺銘時邑宰自侯最期許之

其二十八

年來花下具肴樽慰我毿毿鬢雪痕早省高堂歡侍短一杯已覺報親恩兒每勸予及時行樂

其二十九

福智從來不具長一堆黃土葢文章 先君遺句千秋恨又可吾兒勒墓傍先大夫臨逝嘗曰一堆黃土葢文章

其三十

嶺北苔封斷軫琴又營荒砌殯南林愁雲百里黃昏合噎

噎淸覓夜影尋　兒生母塟北山兒厝南村

秋盡登南峰從亡兒厝室來

開雲片片浮空界山色湖光隨處賣回首年來少一人撐持莫欠登臨債

其二

打叠悲腸作散步風風雨雨重陽妒一壺一盞且登山莫待臨期大家誤

舟中懷孫子

草甲循堤囬舊臘楊條拂萼雞犬春風前落個啣杯我几

下倩誰弄笛人

聯句

春雨舟中與兒侄聯句

囘舟當午後自風雨近新秋篷底潮聲急晟侄灣頭柳色幽山辭人漸遠鉅兒酒伴景堪酬簫管隨餘興前兒何殊着錦遊自

都門秋夕與玉隨聯作限陰字

微雲仍及曉林客思每難禁殘暑何嘗去隨秋涼豈即深墨龍姑作勢林粉蝀慣留心河事憂方劇隨楚征戒亟尋

洗戈將有日 林 投壁肯從今萬里同懷鬱 隨 千門共結沉

水村疇月望 林 樵市獨風喑不解開燈坐 隨 寧容就火捦

霜衣都未理 林 歲粟耐頻斟邸報偏傳寄 隨 鄉情自奏駸

觸荒軍急餉 林 偃武寇焉侵有策曾能救 隨 無私待具箴

哀鴻羣集澤 林 賀鳳衆棲林兼善吾之願 隨 太平世所欽

河圖呈瑞馬 林 阿閣出祥禽黍稷還成卜 隨 旌旗轉見歆

江黃芧入貢 林 閩廣貝來琛人勸天須協 隨 時囘福逾淫

搗聲填下戶 林 爊爇慰空衾絡繹參差憂 隨 伊威寂寞吟

寒溪猶拾茈 林 遠野正炊苓雞犬存丹竈 隨 蓬蒿佐碧簪

殘藻依別浦 林 清露滌高岑遺序因杯斝 隨 逢年聽芥鍼

掃愁揮一劍 林 酬笑擲千金毋嘆荆卿筑 隨 誰憐蜀客琴

立堦嘗倚佇 林 竟不爲晴陰 隨

雨後偕盛遥集表弟夜坐

雨後微凉傷晚生 林 虛堦相對致殊清杯中竹葉搖蹤个

遥 砌上葵花散濕英靜瀉無聲河倒注 林 光弦半曳月初

横寒潭皎樹覓如洗 遥 爲問何如此刻情 林

仲夏九日得雨棠邑章可權偕金侶樵盛持滿家玉

騧聯句志喜用十二侵

石泉雨過味堪斟 章 况是恒暘溽暑燖 林 焦土一朝飛潤澤 騆 窮黎今日罷呻吟 金 瓊漿賜瑞元王意 盛 金汁分甘太乙心 章 已卜三秋書大有 林 解貂何惜醉泥沉 騆

世書堂小酌盛子偶得邵句足之

數杯醇酒面修篁 邵 陣陣風輕奏晚凉 林 味澹瓜蔬園自給 逛 形忘衫履客何常空堦戴月衣爲白 林 亂字題蕉墨並蒼籟蕭烟銷天一水 逛 暗隨花氣浣人腸 林

秋園雨夕同姜宸翊劉漢材聯句用十五咸

瀟瀟凉颯逼層衫 宸 惹得羈人縮手摻架上枯藤因濕瘦

自窗前老竹趂風莖菊花幾朶畱荒砌 材 燈盞三更伴舊函知已那能杯便罷 宸 頻傾何啻土乾饒 自

清明洪佩余攜酒大聖菴同劉漢材及君佐弟立可協可鑑可婭并前民兒在

流光迅疾等飛篷 自 暫向艮宵一御風 洪 攬景偏宜林麓外 劉 觀空且近法華中 前兒 花臨水色嬌如墮 自 鳥識天機話不窮 洪 麥綠菜黃杯影見 劉 隨人領略畫春工 前兒

秋後廣陵同孔宗魯朱河仙楊舉臣洪芳若汪楮封泛舟觀荷步蜀崗諸古蹟聯句用七陽

薄羅水面試新凉 林 蕩漾輕舟十里長槳動偏疑簾弄色
孔 樽開那禁酒生香鷺鷗飛處牽微白 朱 荇藻分時破細
行折筒員淨誇銀鑿 楊 剝子芳鮮倣蔗漿聚首江湖人盡
客 洪 縱情館榭與皆狂雲連古樹三山靄 汪 露浥秋原萬
畝蒼席上波瀾形瀲灩 林 畫中烟雨入瀟湘瑶環別恨疑
墳散 孔 瓊觀仙踪弱海茫古渡斜通橋斷徑 朱 寒溪漸逼
柹輪霜林移爽氣當艙入 楊 岸轉柔風并扇颺幾曲羅紋
穿漪浪 洪 一泓鏡影射虛光難從草閣耽玄緒 汪 且向蓮
瀦結醉鄉 林

五七言

山中

山中何所有清泉與白石泉香可瀹茶石潔堪鋪席任他繡戶與琱床洞壑人間何處闢

其二

山中何所有喬松與嫩菌松花眉公糕菌耳天竺筍採芝掘藥遍巖丘便作神仙無艱窘

其三

山中何所有輕雲與積雪雲英袖裏擎雪汁甌中啜此種

清涼誰與賞樵夫牧子朝朝鬭

三七言

山雲

山上雲似走馬升巔高落坂下張員蓋覆方瓦散忽爹収輙寡狀最奇形都假瞥然遇之莫停眸擬而繪之誰能寫安得寢食巖嶺間神與烟霞共瀟洒

三五七言

登南嶽

登南嶽望小湖瀲灧天光滇汪洋水䚡敷洞口好追劉阮

夢烟波更念范施圖

其二

登南嶽望四山薜荔依簷結烟霞入牖攀待搜靈藥充仙籠更著奇書鎮石闌

其三

登南嶽望長河岸對桃花放波搖柳帶拖莫須繙水揄磯石且效嚴溪著雨蓑

春野

春將巳景無比桃焰綻紅霞麥浪織青綺啼鳥笙歌麓樹

閒游魚錦濯波紋裏

其二

春將去景堪慮梅子抱黄胎柳花展白絮攜樽草蔓減遊人提筐桑老忪村女

四六八言

春野

春事爛熳隨地堪酹念昔裘馬得意嗟今霜雪盈頭軒祓之于身既莫絆布粟之與世合無求

其二

春光奄忽無負芳陰平章也管風月經濟豈黜山林姑浪
子兮陶情花柳且美人乎肆志榛苓

一言至七言

題竹爲田氏昆仲并其母氏

竹竹比松傲菊丈人行君子目慈孝源同清高品獨笋茁
弟追兄竿扶伯引叔根枝節葉偕叢雨露風晴咸矗堂上
千秋壽石堅堦前百禩芳蘭育

一言至十言

題祥宇舅氏樂圖

舅舅樂容上壽度坦平心仁厚系出慈宗行居族右隱文朒內藏奇字堂前叩潛懷落落孤標末學循循善誘到處漁樵爲伴侶隨時杯斝以消受眺東澗兮亦躡西山種畝粟兮亦栽門栁一鄉稱善積厚者流長三代傳經開前者裕後敬瞻斯像儼存世外衣冠想見其人應列庠中俎豆

廻文詩

夏日遠懷

侵暑傷平氣積炎錮潤膚尋凉向樹閣覓淨須泉壺心切憂親遠恤多念弟孤金戈遍內域音滯盼鄉都

紹伯湖中

馨草細波平掌現困人豪興曲懷愁寧風一送仙舟快漲
水千尋客夢悠

其二

飛亂雪花輕拍岸散紛光鏡淺搖波歸蒐細逐孤篷轉閟
景常牽萬櫓多

濬野耕者

秋登未畢預春耕急役惟農勉力爭收麥早從繁露種納
禾猶候肅霜征憂荒歲儉擔辛茹備賦公多耐苦營求飽

莫糊終日計酧勞屆節一杯傾

擬館課

秋享太廟

有赫追王孝於皇念祖功山河捲毳幄正朔統璮幪漢水思蕭碭周都誌鄗酆陳筐九廟富荐壯萬方充華黍凝甘露丹楹納細風香雲繞百神瑞靄拂千驄三享嘉儀浹九成御奏隆蒸嘗克盡志福祿自來同

其二

祖德垂詒遠王謨報本隆秋嘗循職掌時孝發宸聰衆寶

方含實羣陰漸序功感懷清露下肅氣碧霄中甘脆陳瓜
菓芳馨薦黍醴雕軒庭炬照羽葢殿烟濛冲漠星文動升
虔謦咳逼九重親鬯始四國共球同

功臣配享

睿制儀前聖明禋列上公開天神祖烈擴地武臣功轉戰
迷風雨長驅捲電虹霜鋒追竄足露汗染飛驂茂伐中原
盡宣勞太廟豐山河銘鼎勺俎豆襲箕弓麟閣傳圖永龍
旂奉七崇金甌偕鐵券世世享清宮

立秋西郊

暑謝炎光淡秋初爽氣迎翠華乘朗景白琥禮商英寢廟
修軀祭郊壇迓穀禎儀從仙殿啓齋自法宮行稼穡凝疆
穗戈矛息塞兵五行歸坎實萬寶順坤成顧德金天配蒙
禧矩地平蓐収知穩若允奏會朝清

水師告捷

宸樞威告誕漸海瘴烟分止戈原聖武解辮固崇文鰲背
湔妖霧槍頭捲戰雲潮平天一色浪靜水千紋帆指揮鯨
穴沙行玩鶴羣波臣犀馬燦龍女貝珠紛艫舳通魚市樓
臺息蜃氳滄桑從此奠永永頌神君

八旗與試

出震天開曉乘乾聖作聰龍飛騰斗北鳳翼萃關東覃爵
公侯錫分旗子弟從闖門佩八面軼格勸千忠鄰國與刀
筆汾陽起戍戎育才先大學拔雋試南宮將以詩書澤陶
斯韡軨風科名登塔燕卓異表臺驄四海羣黎又千秋大
業隆

河功告成

聖治端皇極神功奠赤墟狂瀾憂後暴集澤計先劬畚鍤
連風雨財資貫舳艫河干喧擁蟻水面聚飛梟視事家堂

擣歡聲衆鼓桴不須沉馬璧尚可泛龜圖守牧勤疆理司空頌碩膚玄圭明德在萬古繼安盂

西獮

翠華三階出羽林萬隊同山川歸帝勑草木偃皇風發迅流星矢彎盈朔月弓伏强擒猛鷙禦暴殪肥雄齒角陳材富蒸炮御膳豐馳驅徵技藝踴躍試精忠致敵常虓虎扶王且獮熊盤遊豈盛跡講武寓神功

幸學

帝道尊文治皇心競聖功翠華飛露沐珠聲映星叢萬履

圜橋塞千纓璧水充筆鏞堂上下俎豆廡西東灌鬯精神
接臨旃色笑融舞干陳舜典觀稼進豳風玉笈追三代金
聲徹四聰講筵從此盛億世法宸衷

特復巡差

皇心周禹甸吏治徹宸聽策陛申嚴命分疆考恪忠哀矜
愛側目惠愷廣重瞳字字驅邪豕行行執法驄威名山嶽
重摘發鬼神同疾苦停車拯豪强立斧攻流民圖必繪墨
令綬將空瀚海傳待宴桑田稅駕豐振綱眞御史建白待
三公刻日澄清奏欽哉代帝功

復補宮詹諸職

開天延紫閣朔日誕青宮出震星臨下重離旦耀東漢基
尊四皓周禮備三公獲養端仁育開陳廣睿聰官惟元老
授職藉近臣充奏劄令情曉傳經古義通威儀從少則稼
穡習豳風太甲阿衡直成王負扆忠圭璋朝有望曆數世
無窮

親餞楚師

七月王師整三台武曲豐龍阿傳帥纛鳳蓋餞轅宮將令
親王重宣威貝子雄塡郊堆鐵騎耀日燦金戎撻伐原攘

罪征誅豈覩窮湖湘飛羽急漢蜀結營訌刃接鍾臺白烽連繡水紅民柔憂痾藏神怒激英衷選乘幽燕地搜强隴朔東兩河分道進三楚合圍攻直掃軀峰盡兼犂嶽麓空石門無秣馬佩浦有棲鴻享廟渠魁喙列疆猛士風鐃鳴傳露布飲至錫彤弓自此南人服昇平四海同

西苑

喜見乘輿發謳傳上駕來風輪驅晦翳雨鬣滌塵灰委巷權收市通衢悉掃蕪坦平郊甸洫整治闕闠椳隄防張鹵簿警蹕肅御枚草木含吹噫山川奠堣垓百靈懷約束萬

象贈徘徊辰拱瞻如日天言令若雷祠宫陳九廟祝史達
三台耀指文昌座光騰北斗魁紫微臨彧彧黄道起焞焞
鵷鷺清臣侍貔貅猛士陪九門擕鎖鑰百𤼵庀棬柸繡履
分魚隊珠棠擁鳳儓祥凝從淑闥瑞育自禋禖愛拂袞衣
粲欣嘗釁酒酷仙儀乘電仗鈞樂下雲堆鳥聽鸞和戛花
迎劒佩開宫車蒲細束御輦策輕推翣扇交龍似旗章展
雀猜東華追浪苑西海躡蓬萊厰閣占星氣高樓矚物材
林青添薈蔚草緑長葑苕試釣尋涓水聞蟬向菀槐熱繁
珊浴李暑盛且調梅夕月澄氷灩朝霞散露洄宸居浮沆

瀣上食遠烟煤西眺蓮峰秀南瞻岱嶺嵬太行枕趙脊澥
渤繞齊隈睿志三登屬重瞳四望該游虛生大智視廣擴
英裁引我南薰阜當茲下土培淳膏淪隱逸愷澤育翁
赤熛炎氛息攙搶金氣回農修牛耒具士奮兎罝才華賁
宵披籍柴扉夜豁鋂省征成浩蕩解網遂矜哀既祝人無
厲還期物不災青徐多棗栗溱洧活魴鮐綠蠵鯨難穴黃
波蟻莫隫嘉禾吳下米賤貨海南瑰荒樹蠶皆繭天閑馬
盡駷麒麟封雪鼓鷄犬卧春臺宮府情交勗堂簾德共裁
王猷伊呂佐帝治禹皐恢再旦天仍眺雙輪日又晐可歌

景慶矣好咏明良哉曆衍三千郟邪垂八百部無荒弭亂
本有道守基胎一日微臣頌萬年天子杯

喜雨

豐功阜澤應天心一夕渝濡潤已深近闕樓臺霏細細環
城烟樹曉陰陰耤田將報三推重華黍先占九廟歆快睹
羣工甘雨頌郊壇何用籲商霖

其二

敷天膏澤首王畿夜夜龍輀發紫微閶闔瑞雲連海碣[illegible]
萊仙霧濕宮衣禁中欝樹鳴[illegible]

昇平從歲穩遍將雨露暨巖扉

遣師

檄羽方催楚國遊連營太閲盡貔貅周親躬詰三軍寒至
上音宣五鳳樓積茨稻粱分野牧按程牛酒縣官搜氛星
應落滄江水刻日功成一戰休

其二

無已師征出沅湘金風肅律整戎行塵烘鐵騎擺黃鉞露
浥鋼鋒耀白鉽飲馬長河千尺渴蓐炊大郡一餐荒于今
米斗三星貴日費金錢未敢量

其三

扎營十萬應西川塞谷塡山一指鞭劍掛九眞犂馬窟旗張八壘搗龍泉驌驦陂下歌盈市鸚鵡洲前月滿船不殺爲威神愈武洞庭此日見壺天

其四

以毒名兵義可師彰行弔伐兩須宜村廬不變耕鋤業童叟猶觀狩獵嘻三楚蛟鼉停鼓楫兩河鴻雁轉旄倪太平有象壺漿咏莫使天戈厭血漓

其五

龍車御蓋豈章威細束軍心勿戰肥斂銳不麾參斗澗
鋒應卧道人磯漢兒偷喘原驅痾賢將招攜便解圍但祝
石門先下壘河清并頌凱師歸

詩餘

坐柳陰舟中 齊天樂

小河密樹陰濃滴晝光隙影無覓嫩荇參差小魚蕩漾坐
久人稀岑寂炎蒸莫滌異鄉煩惱片刻延長曆有地清凉
來水殿風亭暫敞 主人緣野堂荒便湖枕冤歸千里難
歷雁陣飄零花枝幽閒更念荒濵斥莽瓜李誰覿對濁醪

小豆臨風飢愁菽水萱湯此願何時的

祝家慈旋南百字謹

慈伕南旋願繡幌風停錦帆浪細念當日慷慨中流此懷天應鑒弆水伯供檣波臣擁柂一時千里濟旅況安和總賴寘寘勢　年少遨遊隨地高堂暮景怎經播遷況邇聞驚憂委粼他邦爨餌何計旦晚重逢望顏色舊來無替便鼓楫歸去綠野家門第

寓懷　藹山溪

蓮房如豆零落輕香雨老綠間頹紅看禪院乜[illegible]

風撲面獨坐捲湘簾厭敲棋慵拈筆盼斷關山路　晝

扃戶游戲都無處解帶復寬裳揮扇柄凉生暑去閒愁悄

至不斷惡情思簟紋展帳鈎垂睡足陽臺趣

憶故　御街行

海棠初發陰牆砌茹粉輕匀朱細空庭獨坐落塵清往事

無端望計十年話語明明歷歷總在幽腸遞　去秋此日

京華滯共朝夕偕陰霽孤窗獨被了殘更多少客中調衛

慇懃小意白雲黃土一旦長年閒

憫旱　于秋歲

青禾如草又報豆花稿河斷流田絕潦捍鋤愁婦女負耒
憂黎老時去也三秋已失天誰保　甚怪頻年爍無計桑
林禱草木占星雲考盼窮二氣乖算盡五行倒計窮哉貴
人亦應心如搗

留別武伯志　王燭新

快哉重聚首正瀚海盈潮蘆荻青播新荷疊蓋縈千筒漸
把香心吹破深更孤夜每持白傾紅遞坐杯巡陡歌板騰
訌鍾殘不放歸卧　人生幾得長年向隔地風光故人酧
和逢場強笑終不似你我顛狂頓挫形忘意合任放却

懷大須傲那番覆辰昏黃金可唾

初夏雨後隣人小酌東樓 臨江仙

天外雲収山獻翠薫風初薦高樓踈欄横繞玉河流霽光滿眼正好泛杯酎　弄出吳腔新叠奏輕音多在童喉等閒只管散人投興酬意戀何怕起更籌

園居初夏 賀新郎

小院青葱滿立虛簷嘶嚦微風吹人淡暖榴花斑點紅袖艷叢砌花開無算鬬麗結嬌嬈女伴更有琅玕抽新籜一條條都是賞心款待舍是從誰管　晝長無事起眠緩愛

小年萬倍删除了便修纂好箇從容由自遣何須金罇玉盌看幾尾赤星小魚雨後雙雙爭泳澣學垂簾吹徹湘江管莫辜負韶光短

翠翠苦雨 早梅芳

簇錦叢揉絲繸占盡繽紛媚祟朝陣雨暫向瓊臺傾盆墜裝慵薄面殘醒病嬌顏醉看紅銷粉褪滴殺胭脂淚流水飄繁英吹零落等閒易幾番嘆息無計繞欄設防備三春好事虛一夏天功費爲惜花添人憔悴

世書堂稿卷二十三終

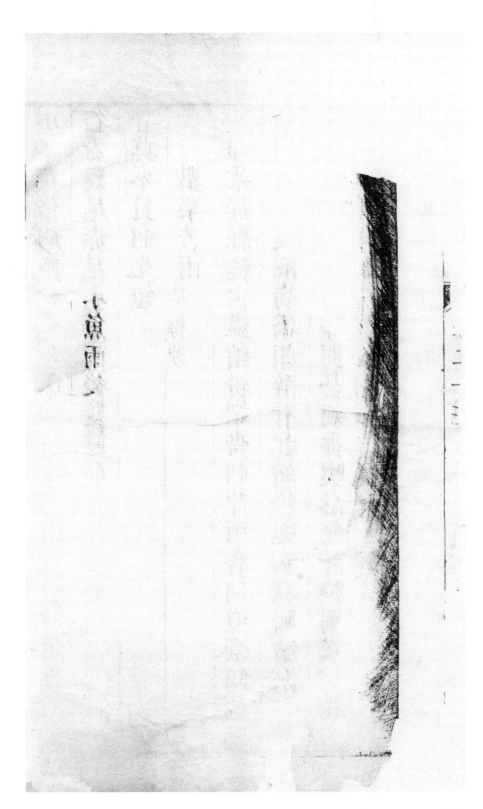

（清）吴㬅 撰

博議書後

清鈔本

集字 453號

博議書後

臧哀伯諫郜鼎

羽父弑之時桓公國之賊也即位成君之後桓公魯之君也哀伯魯之世卿當隱公之死不討賊而事其仇是固不得為無罪至於既臣桓公而因事納誨君子未有非之者今欲移黨賊之誅于忠諫之下是情事兩失而哀伯有辭於地下矣是故聖人之學時為大

祭仲殺雍糾楚殺子南

君子有為善之心不能必天下之惡不至於吾前也有御變之學不能使天下之变不集于吾身也雍糾謀及婦人其妻從其母之言殺夫以為孝庸人女子無足深論若以謀告棄疾者楚王也謀其父而不忌其子必其平日之忠誠見信于王也君實告之棄疾將如之何舜殛鯀于羽山聖人人倫之至斷無使禹與議之事假使舜亦告禹禹又安能以平日之孝禁舜于未發之際哉若此者君子所謂無可如何而安之若命者也東萊求其善全之法而不得

故從而為之辭
魯饑而不害
吉凶善惡之介人不能為天之事天不能為人之事其不
至判然相離者感應之理而已聖人之言不援天以為高
期盡乎人事耳今謂文仲之諫僖公之悔旱備之修皆天
為之則彼視災荒之至漠然不卹者亦可諉之於天耶或
曰天即理也夫然則盡人之所當然斯理而已矣何必亟
亟乎稱天以神之哉孔子曰務民之義東萊之說愈高而

猶愈晦吾無取乎甯也

楚人滅江

秦穆公滅江而矜且懼非能出乎利害之外也囿於利害之中而無以自主之故也秦楚匹敵之國坐視其同盟之喪敗而不救降服出次何為者耶江近楚而遠秦雖鞭之長不及馬腹勢也然秦穆之心以為卹隣無大利構楚有大害故為此虛文以彰其同盟之義掩其坐視之非而已矣且人主保國日慎一日必待他國之翦為傾覆始知戒

惧假今生三代盛时与夫后世一统晏然终身不见兵革
其亡之虑将无所触也吕氏曰充是心也岂止西戎之霸
哉我则曰君子是以知穆公之不复东征也

楚子问鼎

王孙满以一介行人抗陈大义使封豕长蛇俛首曳尾而
不敢进诚奇士也且其言明白正大非一切辩士所能及
吾以为有却楚之功无急周之罪顾却楚之事于满则为
功于周故为耻也悍仆勃然入其主人之室索先世之重

寶繼以主人之辭直捨而去之是所爭者曲直之間而主
僕之分澌滅盡矣使周人僅得中主稍思文武成康之制
則彼楚子乃荒服之列不得與曹滕齒者今乃肆然無忌
其恥豈特城下之盟而已哉周之子孫日失其序非滿一
人為之非却楚之一事為之亦審矣雖然却楚者滿也所
以却之者非一人一時之力也周承二帝夏殷之後前數
十聖人所為定天極而扶人紀者日新月盛以逮于周周
公繼之君臣上下等威之辯纖悉備具施及乎襄雖有莫

大諸侯而共主之名不可廢其有桀驁不遜之夫敢於無禮而一言以折之不終朝而發其愧畏之意何則其教素明而其分素定也不然楚子飲馬伊洛如雷電風雨而欲以口舌爭之范蠡有言吾雖醜然而人面吾猶禽獸也安知夫所謂箋箋者乎是以知先王之教入人者深而後王之不振為可惜也若府獄於滿則亦不情之甚者矣

通鑑書後

仲康

書称惟仲康肇位四海胤侯掌六師羲和廢厥司徃征之蘇氏書觧以謂后羿專權羲和守義不服故羿假仲康之命以征之可謂得其情矣夫使掌六師之命果能如漢文帝夜生前殿非宋昌為衛將軍者則羿之伏齊斧久矣乃十三年之間晏然執政柄而不討至帝相尚為所逐則征伐豈漫自天子出哉或曰覌是書所言辭義甚正如胥

從因治威尅厥愛皆聖賢之言也是不然司馬師兄弟殺諸葛毋丘諸人其整軍經武飾以仁義何嘗不炳然史冊耶然則夫子曷為取之曰其書旣傳孔子不能去之非取之也删詩書之說起於漢人蓋無稽之言耳後儒以尊聖之故不敢有異說而不察其情事之所必無也詩書所載存於策而悖於理必還就其詞以文之以為聖人有取乎不因而失經旨者多矣

周紀世系

史載周先公世系荒謬特甚國語言夏之衰不窋失官詩詠公劉蓋當殷世則是不窋在夏之季而公劉則殷之諸侯也今考夏之享祚凡四百五十八年而稷寔帝嚳之子堯舜在位共一百三十三年合之夏祚得五百九十一年而稷至鞠僅三傳有是理乎即使古人壽考然夏四百餘年之中已歷十七王矣夫三代周為差近其子孫有天下八百年歷世相傳之譜牒聲迹豈徵也哉而史遷失考已

如此今人乃欲上溯洪荒核其年代是果可信也欤

厲王在位十七年并共和三十七年

按史記厲王即位三十年好利三十四年王益嚴召公諫之又按國語召公諫王弭謗云三年王乃流於彘是則王在位寔三十七年而共和又自有十四年耳今云在位十七年合共和為三十七年則是厲王踐祚不及三十年而共和又不止十四年也恐誤

宣王

周宣唐肅代之流耳不足以望漢世祖何敢比於商之武
丁祖甲乎國語所載多失德之夆王子晉至與厲王幽平
比而論之蓋其（去）昏主曲朝甚無幾耳惟詩之小雅鋪揚甚
盛其時先王之澤未泯新當虐亂之後顯望新主以撥亂
起衰一事之善稱述傳頌出於忠臣義士遺民不容自己
之心而非必觀成考終之實録也其後志業日荒夜如何
其之詩詞婉而思深至於祈父沔水與厲幽間呼天念亂
之作如出一轍（矣）夫周之極盛莫如成康其時頌美之文不見

於詩書文王大明緜諸之篇周公發揚其先王之聖德與
有天下之由以垂訓後世非揚祇當時之美也降及宣王
乃有粉藻鋪張之詞而魯之僖公其臣亦有駉駜之作以
列於頌由是觀之文之有餘起於寔之不足記所謂天下
無道則言有枝葉不其然歟後世不察臣以華札献納為
忠而君以頌穀洋溢為樂其亦見笑於古先哲王而已矣
中常侍張讓父死歸葬潁川名士無往者讓甚恥之
陳寔独吊焉及誅黨人讓以寔故多所全宥

陳太丘漢季名賢觀當世之所推述後世之所景仰可以識其風矣至於弔常侍之喪陰消邪憤卒寬黨議季者以為能見幾屈伸得乾上九處亢之義余謂太丘所不滿人意者此耳孔子曰邦無道危行言遜言可抑而行不可貶太丘遜及行矣夫死生有命禍福在天使知中人勢熾黨禍將興而為身謀耶是畏難而求苟免也為諸名士計耶是枉己節而求全人則所全者亦已末矣禮曰知生而不知死弔而不哭知死而不知生哭而不弔今太丘與讓知

生乎知死乎方竇陳之死名士騈戮宦官必擇位尊行高能禍己者決意置之死而後及其餘亦非能一切斬刈之也意讓所全潁川之士特徵末者耳使有位如陳李名如范滂即以太丘當之讓固不能相忘況其他乎溫公載諸名士始末而不削去此事亦過矣使人主見之謂小人本無大毒而激變之罪在正人後之君子又相率為依違之行以求倖免於中立皆不可之大者也

黃初二年孫權稱臣劉曄曰權無故求降必內有急

權前殺關羽劉備必大興師伐之外有強寇衆心不安又恐中國往乘其釁故委地求降宜大興師徑渡江襲之蜀攻其外我襲其內吳之亡不出旬日矣吳亡則蜀孤帝不聽

劉曄之料敵可為明矣然使文帝聽其計亦不能踣吳吞蜀成混一也劉孫皆有明略雖構隙相攻一聞魏人來內懷唇齒之憂外存輔車之勢解仇結援一轉手間耳權以其屈于魏者奉蜀備以趙儼之不追關羽者釋吳曄不能

止之也且其將二國上下同心良佐尚在魏之將相未有出其上者用兵貴知彼知己雖有良策非其人行之無益也雖又諫不當封孫權為王不知吳之强不係乎魏之王權與否也自桓王定基兄弟相繼根本已立士民歸心豈待曹丕篡弒始能威其衆哉魏雖受禪而開國遠猷未嘗見也再傳之後歸于强臣雖誠有智略不宜釋內憂而圖外功矣

兖州刺史令狐愚司空王淩之甥也甥舅並典重兵

陰謀以帝闇弱制於强臣欲共立楚王彪未行愚病
卒司馬懿發其冢剖棺暴尸初愚為白衣時常有高
志族父卲以為不脩德而願大必滅我宗云云
令狐愚乃以公室不附强臣可謂懷匪躬之節勝連帥之
任雖剖棺湛族得死所矣作魏史者晉人欲掩懿之惡飾
為令狐卲之言意欲比卲於子文而以愚為越椒也夫志
在忠孝其所謂不脩德者耶他如荀濟之於魏史所以論
之亦然皆失是非之公脩通鑑者削之可也

劉仁軌為給事中李義府怨之出為青州刺史浮海運糧遭風失船命監察御史袁異式往鞫之至謂仁軌曰君與朝廷何人為讐宜早自為計仁軌不從乃具獄以聞異式將行仍自掣其鎖及仁軌為大司憲異式不自安仁軌瀝觴誓之既知政事薦為司元大夫

異式承義府風旨以死追人此其不肖不足污臺府明矣仁軌得志而善待之可謂雅量然非中正平情之道也至

於薦為司元則不頋朝憲官方惟欲博長者之名耳此其
私心自用去快意報復者豈遠哉若為大司憲時奪異式
之職而不别加以非横則庶乎其可也
韓休為人峭直守正不阿上或宫中晏樂及後苑遊
獵小有過差輒謂左右曰韓休知否言終諫疏已至
左右曰韓休為相陛下殊瘦於舊上歎曰吾貌雖瘦
天下必肥吾用韓休為社稷耳非為身也
明皇待韓休如此而不能久任識者訝之不知此乃所以

不能久任也自非上聖濟物之心必後於自奉今謂吾貌
雖瘦天下必肥是天子與天下為二也自聖王視之天下
苟肥吾貌必不瘦吾之選賢置輔正以保吾身而及社稷
耳在易之泰曰外小人而內君子漢唐以來之英主礼賢
下士者則有之矣然吾未見其內之也
殿中侍御史楊汪既殺張審素更名萬頃審素二子
瑝琇皆幼手殺萬頃於都城繫表於斧言父冤狀議
者多言二子父死非罪稚年孝烈能復父讐宜加矜

宥裴耀卿李林甫以為如此壞國法上以為然付河
南府杖殺
法者緣人情而為之制非出於情外也張瑝兄弟之殺楊
萬頃宜下法司按驗如審素有罪萬頃執法行誅而瑝等
以私仇賊天子之法吏所當肆諸市朝以警奸究若萬頃
以非理誣審素則御史有舞文陷人之罪瑝等為仁親狥
義之人陷人者應誅仁親者無罪本無傷於國法亦不拂
於人情今不揣其本而齊其末坐以殺人之罪何以服天

下之心乎審素之死雖曰萬頃誣以謀反而論報結正出於朝廷是時明皇聲色荒於外而滿假生於中必有護前飾非之意故林甫輩逆揣而為之詞瑝琇遂不免耳明嚴嵩以私意殺楊繼盛沈鍊及其敗也法司爰書不敢入楊沈死事終嘉靖之世無有訟二公之寃者嗚呼改過不吝其斯為帝王之盛節歟

房琯為相惡賀蘭進明以為河南節度使以許叔冀為進明都知兵馬使俱兼御史大夫叔冀自恃麾下

精銳官與進明等不受其節制故進明不敢分兵救
巡遠懼為所襲也
進明與叔冀同為王官縱使不受節制何至敢謀掩襲且
叔冀果琯所遣必內結深交乃敢外圖主帥此時琯已罷
相失所憑依而叔冀又非雄鎮可謀叛亂進明方有寵於
肅宗擁兵專閫形勢既殊順逆又異有何疑懼不敢分兵
耶為此言者蓋當時惡房琯黨進明之人誣宰相植黨撓
師之罪寬節將幸災忌勝之辜史承而書不能深辨通鑑

載之亦失於權衡也

日知録

明季崑山顧炎武寧人甫著凡三十二卷雜記經
傳古今之事時有新得持論甚正己卯夏日從友
人處借得讀之其說有未安者間逆以己意筆諸
左方

師出以律

頤曰以湯武之仁義為心以桓文之節制為用斯之謂律
長勺以詐而敗齊泓以不禽二毛而敗於楚春秋皆不予
之故先為不可勝以待敵之可勝三王之兵未有易此者
也夫湯武之師固以仁義為心然其賞祖戮社五步六伐
節制久已備矣而其所謂節制者又皆根極於仁義以視

管子之作内政寄軍令晉師之少長有礼其大小廣狹公
邪之辨猶美玉碔砆之不可混而冰炭之不相入也今曰
以湯武為心以桓文為用是本末不相應而内外為二矣
聖人非有勝天下之心也先為不可勝以待敵之可勝此
正老子所謂佳兵者不祥之器而善戰者孟子以為當服
上刑也孫吴之唾餘豈可以語三王哉
紂所以亡
頌曰自古國家承平日久法制廢弛上之令不行於下未

有不亡者也紂以不仁而亡人皆知之吾謂不盡然商之
衰也久矣一变而盤庚之書則卿大夫不從君令再变而
微子之書則小民不畏國法至於攘竊神祇之犧牷牲用
以容將食無災可謂民玩其上而威刑不立者矣然則論
紂之亡武之興而謂以至仁伐至不仁者偏辭也未得為
窮源之論也此顧子感明季之事变而為之辭然至於以
孟子之論為偏則過甚矣夫上之令不能行於下者非寬
也不仁之所積而使然也自聖季廢絕王道不明奉天下

不知仁之所以為仁者是以戰勝攻取混一區宇則謂之智勇法制禁令刼持天下則謂之謀猷姑息牽制茍狥物情則謂之忠厚强察果斷不恤衆論則謂之英明以自私之心行萬變之術其為不仁一也不仁非止殘暴之一端而仁非寬縱之謂也漢唐以來小有合於仁故興大不合於仁故興而不能善治仁者小而不仁者大則銷鑠剝蝕終歸于盡本於君心而害於國是蘊於官箴移於民風士習而危亡隨其後嗚呼雖更百世弗可改也已

庶子為後者為其外祖父母從母舅無服

頤曰與尊者為一體不敢以外親之服而廢祖考之祭故絀其服也言母黨則妻之父母可知此說非也敖氏集說曰凡從服皆為所從在三年之科者也庶子為父後者為其母緦則於母黨宜無服也夫先王制服禮有其宜而恩有所自推母黨之服從母推者也庶子為後者不敢母其所生而以君母為母既不敢母其所生而仍為所生之父母兄弟姊妹服是恩之無所推者也所生母服止於緦而

為外祖父母從母小功為舅亦緦是內外逆施而輕重倒置又礼之失其宜者也此所以無服也今謂以廢祖考之祭而繼則是為人子者皆當繼其母黨之服矣豈必廢子之為後者乎廢子為後以君母為母則其身為適子而妻為適婦傳曰大夫之適子為妻何以期也父之所不降子亦不敢降也為妻服如邦人則亦為妻之父母服可知矣非輕生母而重妻也礼有其宜云耳

性相近也

碩曰人亦有生而不善者如楚子良生子越椒子文知其
必滅若敖氏是也然此千萬中之一耳故公都子所述之
三說孟子不斥其非而但曰乃若其情則可以為善矣蓋
凡人之所大同而不論其變也愚謂人性皆善使億兆衆
人之中有一不善即不得謂之皆善矣氣稟所拘固有生
而不善如越椒者而其所以為善者則自在也譬則亂泉
漫流本清且甘及其流入汙池之中盛以不潔之器穢濁
腐敗為人所棄然其始未嘗非泉即在穢濁腐敗之餘其

清且甘者不能不日之糅雜而亦何嘗為之消亾哉是故
性一也純乎理則為義理之性棄乎氣則為氣質之性二
者雖不相離而寔不可以相混子程子之說聖人復起不能
易之矣性之皆善孟子非不論其變寔無可變之理也近
世夸者謂程子之說乃岐性而二之始於小辨破道而流
為無忌憚之歸也矣

選補

録中言近世銓法之變凡十數條皆深切著明然余謂處

今日而思變法未易言也夫裴光庭祖崔亮之法而為聖
書孫丕揚隨歷代之規而行掣籤並貽咲往哲取譏來世
而近世之銓選顛倒貿亂又將弃二子之法而亡之矣蓋
近世之敝人主喜破格用人以神不測之權而奔競之習
成于下有司失職胥吏横鶩壓缺遷缺糊籤之弊日出而
貨賄之風延于上求其一束以資格而聽之不可知之天
何可得也夫天下魁壘傑出之材每不世出而中人常多
知人之明非可僥倖於一旦而成法易守今者人主下侵

銓衡之權自一命以上時有所更調易置意之所嚮中旨竟下而銓司不知其所從來即使所用皆當而繁碎淩躐已非為治之体矣何況名寔之間不免淆偽下皆懷擇捷趋邪之心而竊叢之奸乞火之術萬变而不可究詰故凡邀特達之知而膺不次之擢者每為物議所指雖識者亦不能無疑蓋不待考言底績而已決知其非天下之第一流矣掣籤之法如探丸藏鈎頗類於戲用違其才処非其據往往有之頃近世取人之術最為鹵莽雜然而收非寔

知其才之所堪也一旦授職內外之異勢南北之異宜繁簡之異用欲使典銓三四人搴素不相知之士比之不齊之職揣合不謬雖聖者有所不能典其紛紜眩亂適足以生奸不若聽之以無心而徐觀其後之為得也今使人主有天工人代求賢自輔之意不敢以爵祿奔走天下則豪傑之士乃可漸致而為之士者皆有量而後入之識有速化之恥然後可以行古之道而二子一切之法真無所用矣嗟乎此豈易言也哉

名教

頃予患君臣上下懷利以相接而不可復制也為之說曰惟名可以勝之名之所在上之所庸而忠信廉潔者顯榮于世名之所去上之所擯而怙侈貪冒者廢錮於家信斯說也止乃懷利以相接之甚者而何足以挽頹風救末俗乎夫使覬顯榮而為忠信廉潔是非好忠信廉潔之名也貪顯榮之利也畏廢錮而不為怙侈貪得是非惜怙侈貪得之名也避廢錮之不利也以深於徇利之心而行之以

巧於取名之術其究必為小人之歸而民風世教掃地而不可救吾未見其足以勝之也先王肇脩人紀示之軌物樹之風聲誥誡于內而致行之然後可以用其厲世磨鈍之權其必有道矣宋儒言凡有為而為者皆人欲司馬文正公曰汲汲於名猶汲汲於利也知此乃可以脩身可以治人

通場下第

冊府元龜載天寶十載放黜懷才抱器羣人教可謂嚴于

掄才矣然考新唐書李林甫傳曰時帝詔天下士有一藝者得詣闕就選林甫恐士對詔或斥己即建言士皆草茅未知禁忌請委尚書省長官試問使御史中丞監繼而無一中程者林甫因賀上以為野無留才此雖未確指何年之事以情事考之正當天寶六載以後李林甫未死之前（林甫以天寶十一載死）教中有云朕以独鑒未周必咨僉議爰命朝賢三事精加詳擇咸以為闕於聚奎莫可登科正所謂委尚書省長官試問無一中程者也杜子美贈鮮于京兆詩

曰且随諸彥集方興薄才伸破胆遣前政陰謀独秉鈞徵
生霑忌刻萬事益酸辛正指此事然則是赦也特為娟嫉
之臣驅除难耳方唐之盛文李輩出而謂[詎]牽天下之大無
一士為豈事理之平哉

孔明不諫伐吴論

事有勢不可行而理不可以止者行之則喪利而罔功不行則失豪傑之心君子以為典失豪傑之心毋寧喪利而罔功故知其事之不可行而不之止昔劉備盛怒伐吴以雪荆州之恥白帝一戰死傷大半發憤而殂此其失非小也孔明以魚水之懽無一言以阻其行及事敗之後乃思法正寧智不及耶抑不敢言耶說者曰諫諍者小臣之事也一不聽而再再而三則以去就爭之大臣之得君無委而

去之之理屢諫不聽則其計窮而力無所施故當不可挽之時寧默默以觀其變沛公戀秦宮室欲易太子樊噲叔孫通等苦爭留侯乃徐而轉之是也吾以為大臣但不當如小臣喋喋耳至于軍國之大計萬人之死生人主之安危惡可以不言哉且所謂徐而轉之當日竟不聞有是也夫以孔明之忠且智而不阻東伐其必有說矣關羽與備同起患難及後又有功此其情義豈特骨肉手足而已一旦吳人渝盟步城蹉跌申舟死於宋楚子投袂而起凡有

人心烏能不奮發哉且國家新立人士觀望彼見其君之舊交誼若兄弟一旦隕喪漠然不動其心則疎遠新附之人必將解體外示弱而忘復仇之義內隳忠義之心此其為患豈止覆軍殺將之可憂哉當是時全蜀之衆盛于吳陸遜之才不足望先主乘上流之勢而用衆人之憤怒理可得勝即不勝必不至大敗而相持數月守險不能展其衆遂為所困兵事之变倏忽萬狀有不可以遥知而預定者此其所以思法正歟若夫天下之大計則不然曰先定

中原誅曹丕則關羽之仇固已雪矣諸葛瑾與先主牋言
關羽之親何如先帝荆州大小何如海内俱應仇疾孰當
先後趙雲亦以為言後孔明亦曰吴不宜遽絶國賊曹操
非孫權也以此觀之當日固不以東伐為可也而卒不之
止蓋先主既不能忍人情之難忍而尅復之期又非歳月
可計俯仰逼特業絶天筭徒乖君臣終始之義孤死事之
心失義士之望劉曄且知其不然況孔明乎然則孔明之
不止東伐理則然矣而亦未始不審於勢也

與魏子相内翰書

某數歲時隨侍京師見丙午之役第一人為先生頗知向慕然方幼未獲見也其後先生捷南宮官禁近而某方為諸生守田間以（田）間視禁近其望一見也難于昔矣歲丁卯家四兄試京兆而歸備言教愛垂注之意甚厚殆忘其為貴人而昆弟我也去年舍姪歸自都門亦云然因竊歎近世通門之誼其異於他人者惟名刺中增一世字而已其甚者至不可言今先生獨如此然則雖不肖如某者亦必

且收之昆弟之列矣語曰交淺言深夫與人有昆弟之誼雖生平未獲一見其交不可謂淺故敢輒吐其胸之所欲言以効區區之愚而并以及其私夫君子居其位則思盡其職末僚散吏苟思自効必有得當者而況于親近華貴者乎伏惟以不世出之才膺特達之知朝夕儲宮資其啓沃在易乾之初九潛而勿用飛天利見寔由於此誠能即詩書之微言根極皇王規切飛近則必有所聳動而為先入之主者要在積誠不倦以幾薰陶變化之益則根本

之計莫大乎此矣昔江陵張文忠公在詞林日儕輩皆以詩古文詞相剸切公独講求天下利病咨訪人材得失一旦訪用投之所向無不如意其功業赫然于三百年之内者由其講之明而習之熟也先生志業不讓古人尚弘此遠謨預養名世之器遭際不可知如天之福即竹帛可期也至于某者少時亦知自勵期無墜失先人之緒而材既駑下加之因循鹵莽其業日落且見聞不出閭里無從磨淬以作其不逮始之為文深畏人知偶為人所見則顏赤

汗浹背旣而思今之所謂時文者其屈伸顯晦悉係于人假令王瞿諸公當日無巍科大名以震耀之又無相知有氣力者推挽徒欲自豪于荒江墟市之間無論知己寔難即其心亦不敢自信也況不才如某尤當暴其不足以求攻砥而可覆匿以自畫乎有文數篇皆近年試于有司之作今以衷於執事頓不棄而教之更以先生之重浮遍質于當世之鉅公使附尾之蠅轂聞千里固亦為驥者所不惜也夫前之所効于先生者書生之臆見不識果有當於

採擇而可見諸施行與否若其私心之所冀幸則猶分光
于日取火於燧徑即淂耳惟先生恕其附于昆弟僭越之
罪察其言而不虛其望幸甚不宣

賀吉水火宰李公崇膺經筵講官序

自周以下號為能崇儒嚮斈者莫若宋之君臣故經筵之典著于宋然其時臣程朱之大賢而說書侍講之官不能及兩制其意以為機要之事責之公卿大臣而儒生散僚乃與之討論古昔以藻飾太平是則雖斈與治而二之也至有明正統之元始詳定經筵礼儀以勛臣貴重有德望者一人知其事而九卿皆為講官至於今用之宋人之論嘗謂宰相所不能行諫官所不敢言惟講官可以開導其

際若以公卿之尊而兼論思啓沃之任其習于事勢便而
功倍必有過於宋人之論者矣今　上以堯禹之生知
敏求好古慎簡碩輔以為春秋典學之資而吾師吉水李
公以典詮之貳侍直其間夫帝王之學莫大於知人而治莫
要於官人吏部掄八柄以詔王廢置於凡人材之消長賢
不肖之進退關於君德最鉅公秉人倫之鑒衷諸經術以
啓翼　天子其所以開陳利導者不在薦剡啓事之際
而在於從容旃廈數揚經史之餘啟先知灼見之本立於

上而泰交成於下是之謂治典叅合而為一其遇遂有為
程朱所不能望者而二百年所行之例亦藉之以增重而非
遵用故事之可比也使千載之下想望愛慕歎為儒者之
榮且因以知其制之善而典之不可以已也豈獨一人一
時之慶而已哉

澤州陳公糶粟頌

封光祿大夫澤州陳公歲出貲以施於御積數十年不倦比大祲傾盡發廩藏活貧者已而歲稔皆爭來償乃舉其契焚之無慮巨萬懽頌之聲洋溢上聞謀所以褒崇尸祝之者甚至公堅謝之其時士大夫聞者爭為記傳歌詩以道揚其事公皆若弗聞也壬申秋公薨於里第吾師大司寇公聞訃哀毀綜遺行而為狀於捐粟之事言之懇且詳某伏而卒讀竊嘆光祿公之仁心為質有天道不言所利

之義而司寇公之承家有本所以闡揚盛美者為能深淂
先公之志也夫保受賙捄雖三代遺法漢唐以來有任卹
之行者間能為之然求其以至誠之心行不勸之事施於
人者若丘山而不望報於毫髮不市惠不近名非知聖人
之道者不能也昔富文忠公為宋名相其績之最偉者莫
若活青州流民五十餘萬其後居洛猶時時念之蓋君子
之心以及物為主公雖推功損己而為善之樂無踰於此
者司寇公將順勞謙之美於衆情懽頌之時而追慕撰述

於身殁之後誠深識公之心繼自今推廣志事布文忠之
相業以洽天下于是乎在敬作頌曰嶽雲膚寸千里霑潤
當其布護風馳霆震及闢而翕太虛寂靜為而不宰曰惟
廣運維此仁人厥施叱盛一民曰饑引為余病傾余囷倉
瀋尔凶饉畏壘千秋衆志斯競揮手謝之此自吾分乃如
家督哺其子姓不商羨縮不煩貸債不尸成功不居令問
大行豊碑望而淚隕保世滋大所貽無竟霖我黔首豈翳
汾晉

元陳定宇先生遺集序

昔揭文安公嘗論陳定宇先生比之吳文清，以謂澄居通都大邑，又數登用於朝，學者四面歸之，故其道遠而章，尊而明。櫟居萬山間，與木石俱，足跡未嘗出鄉里，故其學必待其書之行天下，乃能知之；及其行也，亦莫之禦。然則先生之學，誠不媿於聖人之徒，而其始之奮乎深山，而信從乎天下，蓋亦难矣哉！假令其書不傳，其所自得者固不因以加損於毫末，而其憲章朱氏、墮黜百家之深心，後世莫

由知也夫自元迄今数百歲先生之書所謂折衷口義纂
疏者若滅若没其他論説見於後儒之採摭者亦僅矣其
穀先懿灼即無論考亭視文清果何如歟嗟乎斈聖人之斈
而其傳之或盛或不盛豈亦不能無所憑藉而然歟然先
生為斈之大指備見於史今但得其書而讀之天下之信
從者將益堅以視昔日奮乎深山之中难易固不同也休
寧陳子書岸者先生　某世孫裒遺集而重刊之為若干卷
天下獲讀先生之書有日矣予觀世教之衰士大夫萬意

詞章而憚言義理之學旁搜博集誇簡册之富而其邑之先
賢及其祖父視之所撰述或缺焉若此者皆徇末而昧本者
也陳子可謂知所本矣其使先生之學復行於天下足與
文清並垂以信揭公之論者必賴此舉也夫

汪訓導詩小引

詩人之多至今日而極論詩之多至今日而窮語升降則有漢魏六朝三唐宋元之別分塗徑則有觳病格律氣体風致之殊岐趨異指甲可乙非力分于備多氣索于学步作者愈多論者愈精而詩益不振則以先有詩之見横于胸中也夫詩本性情情動而意隨事值而響答豈有一人心手之間可以變易時代限勤步趨者哉若吾歙司訓汪子之為詩而可謂無詩之見横于胸中者已汪子才敏而

喜塗手應其心筆應其手不為靡曼艱棘之辭至極無幾
何而撫景即事贈答遊覽之作裒然成集是豈得不謂之
為詩哉無作詩之見而有詩意可謂加于人一等矣汪子
方以奏最高擢秉鐸于下邳其地當淮泗之交風濤壯濶
而山川廣衍有非彈丸之極所及者計其作將益多且工
今茲之編殆未足以尽汪子也歟

河渭李堂制藝序

異時余讀書遠園思得文績李能文之士以自磨碎其不逮而於里党之中得人焉曰金子敦七及其從弟如二敦七天姿英邁其為文得古人之大指以才氣驅駕出之不屑屑於行墨當其得意往往驚絕而如二之尊甫蘊之先生承 司理公之家學熟于有明三百年制藝升降離合之故發揮指授皆有據依如二耳濡目染早知為文之利病又復枕藉経史默而好深沉之思故其文弘肆而不縱恣

鉤深窮微而無艱棘峭刻之態穀乜束髮時才名隱起然
數奇踰冠猶辱童子試中如二自為諸生三十年來試輒
傾其儕偶大江南北無不知吾楲之有金某者可謂黃金
白璧市有定價者矣穀乜處約甚走四方舌耕以瞻食指
如二則終歲鍵關問字之屨常滿故其業日擴今之所梓
尚未及十三已若珠玉之暉媚鐘呂之鏜鎝有耳目者所
共知見余雖欲贊一辭豈能有加于毫末哉猶憶遠園之
集課藝既畢相與縱談往昔之成敗及古今文字之得失

敦七酒酣耳熱踔厲風蜚與余上下其議論一座皆正襟聽之如二徐出一語有所左右無不厭服者今雖強半如飛蓬晨星然此樂未易忘也嗟呼敦七賫志往矣如二文日益工名日益盛祖父之傳之在其身者日益重其自命也日益遠茲編也殆自視為劍首之決然斗牛之間已有望氣而識其處者高懸國門用張吾軍其必自茲編始矣

蘭蓮坡先生家傳跋

古者為民設官期有益於民而已故嘗簡其科條寬其銜轡出入變化一聽其所為而徐觀其及民之效民以為賢矣上之人從而賢之無異詞官為民設也近之馭吏者一切求之簿書期會之間繁若秋荼而及民之寔不之責也又且為吏者一人從而監臨督察之者常至十數毀譽之際紛然相亂大不便於民者不必去而去者未嘗非民之所甚惜也嗚呼澤不下究而循良者益寡其以此也歟陜

西蘭公蓮坡先生與　先君子同第于春官歷数縣皆為惠政卒以齟齬不合終其身予生晚不獲親奉公之德音歲癸酉見公子于京師云家傳讀之識其大節懿行皆可紀者然予独太息於公之遇而慨然見吏治之难也

僧元順新建徑山圓明普通塔院碑記

昔者先王肇脩人紀教民以養生送往之法莫不備具而哀死慎終其事尤加詳焉是故棺椁之制取諸大過殯肂塗塈之厚其防丘封坊兆之殊其等降及庶人則以族葬而掌其禁令於墓大夫使各有私地域而司冦之屬有蜡氏者掌凡國之骴禁若有死於道路者埋而置楬書其日月懸其衣服任器以待其人夫先王既躬有其仁教孝之本而其垂為憲典守以官司者又如是其善且詳固宜斯

時之民各遂其哀死慎終之情而非後世之所能及也後世喪葬之礼戾於古者多矣其尤凶殘而不可一日容者其惟近日之火葬水葬乎夫人已死而往收其骨者非其父子祖孫則其兄弟夫婦也生存之時恩意聯屬寸膚尺髮尚為之護惜而不忍傷一旦牽其甫絕未寒之屍焚毁而投棄之使為烈燄之灰與深淵之泥如使鬼神有知必將哀魂驚號痛其遭王莽焚如之虐無罪而服蘇文嚴道育之上刑也何其無人心之至此極歟計其初必有愚夫

下戶生居人滿之地力不能營兆域隱忍為之其後漸以
成俗而妖巫異教又從而煽為遂晏然視為故常矣宋史
言河東地狹人衆雖至親之喪悉皆焚棄韓琦鎮并州以
官錢市田數頃給民安葬然則今日之吳會猶夫宋之河
東也律文雖有其禁然罰輕而吏不之行司牧之人亦未
見有效韓魏公市田之舉者乃今浮屠氏元順毅然為之
先是順公嘗至椒語曰蘇浙多以水火葬吾心憫之誠得
數千金就其地建塔置院以藏遠近之骨則吾願遂矣椒

人義其所為頗有出資為助者然不足當所費之百一也

順公竟去轉入餘杭之徑山積七八歲應者日益多遂建

圓明普通塔若千級塔之院廣輪十餘里乃走僕於椒人

曰茲事寶經始於椒今斷手矣敢以成事告回謁余請為

文勒石以垂永久余聞浮屠氏之法以形骸為寄寓其寂

也則荼毗焉而順公於人之遺骸有恩意如此豈非惻隱

之心動於天而莫可遏欤度其間火葬未能遽絕而投諸

水者可以止少亦變俗之漸也是雖不若晋墓大夫之權專而

施廣以視掩骼埋胔之蜡氏尚有先王之遺意而其土之吏尚有如韓魏公者必且維持而推廣之不當但視為佛老之宮已也順公真定人精通其教而以利物為心是役也用意之專且恒不没人之微善也毖終如始皆可書者其購地之貲若干捐貲者若而人木石瓴甋之數起訖之月日詳在碑陰後之覽者得以考焉

湖廣考卷序

余奉命視學湖廣以今茲仲春按行所部托始於湞每一郡試竣操其文雅正者相續登梓洪維國家取士最重經義士之欲發名成業者舍此末由如農之有畔而工之有器雖上之人無所勸董宜無不盡其力者而乃督以專官束以科條稽以歲月此其意豈僅曰文云尒歟蓋人才之盛衰視乎學而學以知道爲急求聖人

之道必于遺經制舉之文因遺經之語代聖人之言而因
以返求于吾心者也風尚遞更其變日下空疎謬悠者無
論矣才儁之士雜糅于子史馳騖于百家役志彌精失道
彌遠其貌為先正者如優伶襲古衣冠神既不存形終不
肖凡若此者雖不必別立一說顯叛儒先其於鄒魯之遺
言洛閩之微指并髦而滅裂之固已久矣學廢則無人材
其病不必在文而文其病之先見者也必也涵泳朱程追
溯孔孟取材雅馴造語謹嚴使當日之謦欬宛然如在則

其中之所存必不大謬于聖人明矣余不敢以一人之見
繩多士之文未嘗不欲以一日之文觀多士之養所至之
地校閱殷冗以事与諸生旅見者不過一再卽轉而至他
郡此意未可以户説也弁言簡端使觀者興起焉其於
盛世廣勵學官之義庶幾有當也夫

虛損滙纂序

吾友高沁沈趙珩先生篤行君子也性尤深沉好書貫穿百氏悉有指歸少時從事場屋赫然有聲已而高沁被水蕩析離居夭昏札瘥之患闇作於是慨然曰先儒有言一介之士茍存心利物必有所濟其莫若醫矣遂謝去舉子業出其素所講習及其先世所藏禁方眇論隨手施治無不立效已又病世之醫者束書不覌夭閼人無算其稍知討論者往往好奇不經牟一廢百欲以病為經以症為緯

往哲之議論已效之刀圭上自軒岐下逮近晚條分件繫都為一編刪截去取皆有據依名曰滙纂使開卷瞭然本末具舉而虛損一門為書二十四卷先成問序於予予曰病無急於是者乎先生曰否否吾先其多且難者且君亦知古今之病機乎三古以前多外傷漢唐以下多內傷昔者聖人位乎天德以康兆民本根既足而綱舉目張如人之真氣渾浩流轉於榮衛之間而百疾不作也其不幸而有洪水阻饑之災及降而中葉有外侮強諸侯之變勢雖甚險

而極救廓清無難爲無他傷在外也後世大本既亡奮其
勇力謀詐繁其文具政令以劫持天下譬之人偉軀豊幹
非不枵然大也而元氣已漓有卒然不可知者雖幸而無
水旱盜賊外侮強諸侯之患勢不可以久是謂內傷惟人
之身亦然世人情感萌生嗜慾沓至一身而供萬物之役
一日而有百年之憂精搖神汩棲泊無所清明強固者千
萬無一而虛且損皆是也特病有見不見耳粗工不察方
以悍劑益其強陽杯水沃其燼釜法拘而不變勢極而始

誅天下之淪胥於此者蓋不少矣吾竊以為憂故用先為其於古人之方間有進退要取其可施用於今者至於九垂十注之說語頗近怪然以備稽考而誅祓除不得廢也其所採摭皆昔賢之成言不敢妄有所論撰而蒐羅決擇之微勞後之君子尚或有取焉余既有感其言服其書之精密急序而速其授梓又以謂業是術者苟有所得則守之笥篋以利子孫而先生方嘉惠斯世惟恐其傳之不廣此始足以見立心之仁而意思亦深長矣哉

勸募官署建惜字爐小引

聖人以文載道凡有點畫波磔可讀者皆謂之文則點畫波磔之間即道也於礼先生書策在前生而遷之戒勿越聖人吾師也其所制六藝之一以載道者頗弗知重耶夫事理之感召各以其類人能重道而好文則淑清之氣足以致聰明貴顯之報雖非以求福利益而其所得亦復不細若見道之君子則在彼不在此吾宗兩金創官署建爐惜字之說聞而興起者數十百人今且將廣其說於天下余

竊喜世之重道而敬聖人者之多也抑吾聞周人之銘曰毫毛茂茂陷水可脫陷文不活今在外之官自行省以至令長斥希下所部則利害立見吾願服官者約科條省案牘慎判署以一歲計之則字之節嗇于心手之間者不可勝數不待拉雜燬燒於零落委棄之餘也此真能不淂罪於聖人之道者而其為爐也大矣因書此言以遍而全之行

易儉齋集序

胡子聽巖自輯其所為文曰易儉齋集梓既成而徵序於余夫古之以文章名者衆矣其卓然可法於後世者非独才之高學之贍以博其胸次必有瀟洒出塵之趣舉凡所遇之升沉顕晦人事之悲愉世務之冗雜皆不足以累其心然後以志帥氣蔚為文章極其才與學之所至足以籠天地挫萬物雖其體氣不同姿態屢遷而所以脩詞之本其必有在矣胡子以異才舉於御名薦公卿間屢報罷於

春官秉鐸一邑是固未足以發舒其奇而近世師儒之體
亦少褻矣观集中自記其三耐軒者盖慨然其言之是其
中宜有不自得者然余與同事於鎖闈剪烛論文意氣豪
上迨余歸至星沙相與為嶽麓之遊蠟屐登臨窮日達夜
酒酣以往指點山川之名勝與先儒之遺蹟遠引高望若
將遺世俗而独往者從容燕語涉於嘆老嗟卑者無有也
可不謂之瀟洒出塵者歟夫文以氣為用者也志趣凡近
則跼蹐剌促其氣已先餒矣乃欲於握管之頃襲而取之

雖刻意摹古人之形似豈有能工者哉胡子之胸次浩浩然落落然蓋先有其脩詞之本及其翕翰遣言曲折肖意方將有至樂存焉其亦可以充然而自得矣天其將大就其業以鳴天祿石渠之盛而為　聖世之休光則今之所梓尚非成書然函牛之鼎先獲嘗其一臠固饑者之幸也

陶岱麓七袠壽序

天之道其若量乎龠不可以揜升引鐘以實釜則委諸地
是故滿則槩之不足則濟之天之於賢人君子其不足者
固已多矣然其酌損裒益之權往往有所留餘於彼而後
有所畢致於此吾嘗以此說推校當世得失之林百不失
一而於岱麓陶先生信其得天之厚以為今茲雖躋七十
尚未足以為先生壽也方其少為名諸生奮迹辭場年尚
未及強仕登華陟峻指顧間耳乃數年始試為吏剔歷歲

甸驅馳楚蜀皆當戎馬倥傯兵燹甫定賦繁俗敝之區小
心精潔備著勞績是宜以異等徵在
天子左右久矣頃僅積資序當入爲郎復爲考功法所格不
果其時之大吏若三韓金公世德汾州于公成同皆辭爲
賢者知之而未及薦而其不肖如湖北按察使某者齮齕
不遺餘力先生亦慨然賦遂初矣夫名位本所自有而彀
寔才望皆不宜遂止於是豈天之有所恡歟然先生雅性
冲夷與物無競投棄簪紱十年於茲始逮古人懸車之歲

而精神強固雖壯佼少年弗及接對賓客未嘗不移日命
酒徵歌夜分不倦於是知其所得於天者固有在也且夫
近世士大夫非真有尊主庇民之略為世所急不我舍也
偶得一官非分是營觖望隨起柳州之傳蝜蝂是已才愈
弱者任愈重位愈高者職愈下身愈榮者名愈辱而又憂
患乘之異偉蔽之弥縫擾之蓋有精已消而不竟身未老
而先喪者矣若此者皆天之所棄也藉令先生出其緒餘
結上官飾名譽積日累歲至於公卿較世之一切者亦何

以遠過以視抽身強健之餘幅巾野服吟弄風月壺觴寄興孫曾滿前無求之謂富不辱之謂貴孰優孰絀必有能辨之者天之於先生留餘於名位之間而畢至於康強壽考之際而況名位者君子之所輕康強壽考者天之所重以所輕易所重其相去非特銖兩之分而今茲七十其視無疆之期則猶履端也已夫壽者受也先有所以受者而後其所受準之今方以身為鍾釜而使造物所予者僅足當龠與升則將濟之之不暇而何槩之有天之道若量先

生之壽又可量乎哉
其

葉數五六十壽序

葉子數五以歲之仲冬行年六十歲党交遊亟謀所以称祝者葉子固辭衆固以請往復之間其期已屆有作而言者曰以數五之賢盍及杖鄉不可以無觴請改筮於季冬以長厥事且用為增筭過曆之祥僉曰善而徵言於余以謂君習于君之外氏以數五之賢盍及杖鄉可無一言薦諸豊豆之間乎余不獲辭復于衆曰數五為人外循謹而内明達孝友於家惠于朋友居約不挫其氣垂老不易其

志此諸君之所知也即其間有尤难者余外舅寧夏公典
兄慶士公友愛甚篤寧夏公年踰四十尚未舉子慶士公
使敦五往侍以娱之入奉昕夕出應賔客則宛然孫也既
而欣臺生敦五之考曰皇如先生已先卒無次子而慶士
公即世亦久矣寧夏公歸而嘆曰此吾兄之宗也可卒使
其他繼乎敦五亦自念以天之靈既有叔父以大厥家吾
爲祖之世嫡又終鮮兄弟於禮於法皆當歸於是乎奉身
而退嗟乎俗薄道喪士大夫不達于人倫之義典先王辨

族継絕之旨同氣之親自生畛域而為人後者亦無至誠惻怛之意惟視其家及身之菀枯以為去留蓋有宜歸宗而不歸不應歸而徑行己意舍之而去者矣今觀葉氏祖孫叔姪之際數十年進退無間言信可以為難而善成之者歟五也昔吾夫子射於矍相之圃使子路執弓矢出延射曰賁軍之將亡國之大夫與為人後者不入其餘皆入夫兄弟之子猶子也為人後者為之子也既明著其說於經而一旦與賁軍亡國之人連類而同擯何哉說者謂不

當後人而邑勉焉之與已出後應返而不返者皆有狥利
忘親之心焉故聖人賤之若數五之所處見錄于聖人明
矣仁孝所感天必將強固其身昌大其緒神明不衰而弓
闢立應二三十年鳴玉猷緜而鞠膝上壽者盈階庭之間
此尤戚黨交遊之所共称慶而無辭于牽觴者余不敏尚
能終言之

邑侯袁振子壽序

今天下自畿甸外畫為十四布政司監之以都御史綱之以藩臬紀之以列郡然其實有土地人民之寄者縣而已自郡以上雖有憂民之心惠民之政非為之縣者奉持而須布之弥縫其闕失而牽補其罅漏則及民者益尠矣縣果賢即郡以上者不能皆賢而四境之内固已晏然称治是故百姓之望得賢令急於大吏之賢者其既得賢令而事之也身沐其澤而口不能言於是乎有慊暢之情有愛

戴之意有頌禱之詞是非獨理有必至亦其勢然也夫士君子出而用世以行道濟時為己任得百里之地而臨之既足以自驗其所夅而其勢能使境内之民懽暢愛戴而頌聲作此昔人所以欲為親民之官也然求之於今頗难其人非其才之不雄術之不工挾才術以自用而無至誠惻怛之意以行之故也國家憲章完具聖天子宵旰勤劳蠲租賜復所以涵濡斯民者至矣而腹内為尤享官斯時者惟廉潔自將以陰養民力而行教化于政令之中開衣

食之源塞奢侈之流明尊卑之防章貴賤之等崇朴厚之
風杜淩競之漸此所以小民奉為父母大吏藉為股肱者
也其或以呵擁為尊以覘聽為業以數變易為不測以任
意抑揚為行权愚民有束濕之憂而不肖得升猱之教處
太平累洽之時而囂然有不可知之意則豈非用才者之
過歟惟夫不矜才不恃術一以至誠為本者乃足以救之
若西蜀袁公振予先生之來蒞吾椒真其人也已其容淵
以穆其衷厚以和其自視則欿如也抑如也甫下車吏例

進以饌具器用峻却之眼食居處無異寒素而公不靳以
廉聞時當久旱躬親步禱甘雨普澍而公不靳以感格聞
嚴保甲省差役禁羨好息爭訟振興學校脩舉廢墜而公
不靳以幹略聞於戲可不謂之至誠惻怛者歟昔漢之卓
子康始為密令有所廢置吏人笑之河南郡為置守令其
遜武健之吏遠矣其後教化大行道不拾遺卒至尊為太
傅褒德受封斯設誠之效也又其同時長吾椒者曰劉宗
正平能使人增貲就賦減年從役可謂得民之深矣而本

傳不載其他設施惟曰政有恩惠而已是非獨史之省文
蓋其仁心為質不爭赫赫之名故傳無可紀之事而民稱
之至今以視區區才術何如也公其儻近是乎茲值王春
下浣為公攬揆之辰邑之人士謀所以致岡陵之頌者皆
曰自公之至吾儕各自以為得所而悉數之則窮於辭也
其殆所謂身沐其澤而口不能言其故者歟余以謂儒者
非俗吏故其入人之深若此真足以膺國家土地人民之
寄而與大傳宗止相後先者不日援置主上左右奉訏謨

而布音澤四方之祝釐者且靨至然今茲之躋堂之觴則

其履端也已

盛裕齋六十壽序

余王母盛太恭人之族有賢而且才者曰天開裕齋其別號也以今茲夏仲既望之月日春秋週一甲子先期余昆弟諸子作為詩歌侑觴而授簡於余以序其事時裕齋適在坐見之喟然曰吾天下之窮人也何以壽為方吾少時賦姿頗異於群兒視俗下弄筆墨稱文士者雖不為難已而遭先君之變伶丁孤露奉孀母撫弱弟僅而獲濟其業遂落其後侍都諫先生於京師都諫子視我苟可以推挽

成就之者無所恡吾是時年少氣盛視天下事無足以當意者性又不耐束縛竟辭去薄遊楚豫間大困而歸始悔而思所以自克而都諫遂已棄賓客矣嗣是跧伏丘樊憂患僇辱之事其來無方其倖存於今者皆危亡之餘也屈指生平機將合而忽左事垂集而中乖吾天下之窮人也何以壽為吳子曰兄知夫水乎巨浸稽天吞吐日月可謂偉觀矣苟失其道則潰奔四出漂廬舍敗舟楫而其衰也亦不可以終日山下之泉其出汎瀾觸石而遷遇坎而止掩抑

逆折幾無以自達及其習科坎注溪澗渟洄澄澈映帶林
壑天下之至美何以過此兄之往事所謂觸石遇塊者屢
矣至於今氣精以明体和以平有目可眺有口可咲有子
可教有孫可抱是造物者之于兄不可謂不厚也夫纂江
河之壯偉而忘溪澗之可以怡情則觀水者疎矣裕無曰
吾家于蘆陂之側習溪澗之水者莫吾右也壽則不敢知
然聞子之言有心會焉他日諸君子幸過我將挈榼洗觴
藉澗草而飲高吟老杜興酣落日野水添杯之句醻酢無

筭醉而相枕吾方嗒然忘其為我安能記憶今茲之為某甲子哉吳子曰是將不足為壽乎書其語以俟它年之續是舉者

劉母郭孺人五十壽序

女子之行庀緣枲治酒漿而外事不預爲若是則可謂賢乎曰否亦視所遇何如耳夫正位乎內言不出梱行不踰閾婦人之常也若夫家門多釁所天中隕外有劻勷之侮而內無强近之親於是乎有奮不顧身兼行男子之事以撑拄其間不可以常理限者而後可以光先烈成夫志庇藐孤故君子有取焉以吾所聞江寧劉君友先之配郭孺人其遇與事殆類乎是劉故爲族友先之祖曰鳳梧先生

考曰誠之先生皆輕財好義矜然諾慎取予有古烈士風
當國初須洞之時誠之常以計脫其所知某者於难而
瞻卹其家後事觧某者歸知所費不貲報以田強而後受
数十年所矣而某者漸陟膴仕掛吏議家居欲復得向者
之田異說蠭起所以脅誘之者百端當是時友先即世余
嗣幼弱孺人手提三尺之孤探怀中出片紙伸大義於公
庭辭氣慷慨能使長吏感動而某者之計遂絀於是群不
逞之徒及持兩端以觀望者皆無敢致难於劉氏而家遂

以完嗟乎孺人之意豈直為此區區者耶拯溺解斗聖人
所許誠之出險乘危以急友生之事施於人者若山陵而
受報不啻毫末今乃於世異人往之後深沒其捍患御災
之勞而橫被以攘奪之名則是劉氏再世皆擅不義之獲
以自封也為人子孫烏能晏然而已乎夫娼之於夫有臣
道焉昔者季孫毀中軍而歸首謀於叔孫豹為告其殯叔
孫之臣杜洩曰夫子唯不欲毀也投其書帥士之哭之范
忠宣公既老且病不忘辨宣仁之誣忠臣孝子光揚君父

之美而不忍其身後負謗于後世孺人其常聞二君子之風者欲若律以闔閫之常疑其已甚是猶論臣節者責胡廣之中庸而不知甯武子之愚為不可及也孺人為女為媍為母多可紀者而樛木逮下之思鳲鳩七子之德尤人所难能然吾謂志節之大蓋在於此今茲季秋為孺人五十設帨之辰余從子潤蒼與友先外兄弟也請一言以為壽曰書其大志以侑康壽且以卜將來之臻上壽膺貤封保世滋大永有令名之非幸也

同年羅時先六十壽序

豫章之生七年而始識其蘖拱把以上藏於深山之阿霜雪之所壓而風雷之所蹄叜歷歲年而後匠石採之以支大廈任隆棟江之始出與河同源自崌峽抵岷山乃可指名奔濤怒浪束縛於三峽而不得騁委折東下達楚吳之境盡滙南紀之水以朝宗於海而後巍然為四瀆稱首蓋其材大則掩覆抱抑抑不求人知而其用益奇其源長故経歷稱遠無漲縮不常之患而其究也莫能測其所至此

非独木與水為然惟人亦有之故凡天所篤生之人必假
之以絶異之姿縱之以博綜之斈翼之以醇備之行而又
屏其小喜墮其近功使堅其志老其才而後大任完福従
而降為吾友羅昌時先盖其人也時先為宫詹學士篁
庵先生之子憑藉固與寒畯殊少時苕發頴豎聲名藉然
結交多耆宿雖朝廷間名公卿莫不見知愛才能氣力於
青紫直掇之耳顧独偃蹇鎖棘久乃登賢書又不即得志
於春官而其生平於兵火播遷衆枉群擬險阻震撼傳沓

之状莫不備歷其即於晏安者盖亦尠矣乃孝友之行著
於家庭任卹之誼先於鄉閭経綸利濟之志往往因利乘
便有所發舒足以救一方活萬人而不尸其功祇行力學
無忝所生之念則自少至壯至於今茲行年六十未之有
改也夫壽之為言酬也譬若飲然主獻賓酢無弗相當者
故楚茨之詩曰萬壽攸酢言天飫君子之德如飲者之卒
爵而斟酌其壽以酬之也君之所自獻於天者可謂至矣
天其必將有以大酬之今日之壽殆猶豫章之初芸大江

之始濫觴耳昔者漢公孫弘年六十舉賢良正直不合罷
歸又七年至元光初武帝擢為第一十餘年間至宰相封
侯弘雖名臣然不足以方君而前後証豈利鈍之數其理
有固然者予與君同舉於御又有先世世講之誼故於同
人之致祝頌尾一言以借康爵而又不敢以膚辭勸說進
諸左右独援天道物理之可信者以為將來之券而望吾
子之釂之也

故銅仁府知府葉滋齋先生墓表

嗚呼是為　皇清廉吏故中憲大夫貴州銅仁府知府
加一級滋齋葉公之墓公諱某字太立一字輔長滋齋其
自號也初為新安人已遷雲南三傳至輝輝生維新維新
生世賢公之考也起家鴻臚寺鳴贊遂籍順天之大興公
以順天諸生成順治六年進士改庶吉士出為礼部主事
歷本部員外郎郎中遷知處州丁母杜太安人憂服闋補
泉州府知府以詿誤去官後復起守貴州之銅仁以卒生

平持身服官皆有本末行事之蹟子姓姻婭生卒歲月之
詳見孫方盛等所為行略及公門人黄比部永状中方公
之罷泉州而歸京師無一椽一畝之業乃僑寓江寧先世
父峙庵時為江寧教授公同年生也相過從甚驩因以余
女兄妻公長子方盛余時尚幼見公質直莊茂無惰容不
苟訾笑知為有道者已而再起為郡雖非夙志銅仁又在
萬山中邊徼荒惡新更兵燹公寄其孥于戚友之居保定
者叱馭而往摩撫瘢痍心力卒瘏逾年竟歿公歿而家之

寄食保定者幾無以自存予女兄毀嫁時櫛珥以贍食指
亦遂劳瘁以死嗚呼為方面吏二十年致不能有其家可
謂廉且难者矣昔者聖人為民設官其責之也重以周故
卿之甚勤而養之甚厚降及漢唐此意尚存白居易為江
州司馬記其廳曰司馬秩五品歲廩數百石月俸六七萬
此則今公孤之禄不足以望此矣知府秩四品專制一路
而所受於公者不足當下户五六人衣食之費於是随其
土之所有巧立名號以籠取之而属吏盡以賄交名曰常

例其黠者屏却一切設機穽布牙爪以侵蝕吏民所辞者少而所入者多所辞者曰以為名而所入者暖昧变幻不可究詰而薄俗尤艷称之曰會做官至於凋敝之區常例無所得而其人或木彊敦厚不能狙奪其下又有能之而不為者則會做官之説又有時而窮而長吏之身家視溝中之瘠相去固無幾耳顧欲望其安意定志出死力為國家受養百姓亦惑矣余故表公之墓録其清風介節以風有位而曰以嘆廉吏之难為也

黃室馮孺人墓誌銘

編脩黃君崑圃將以今茲暮春之某日葬其元配
勅贈孺人馮氏於城西之香山而先期來告曰吾妻山西之振武衛人曾祖贈通奉大夫明期祖廣東左布政使如京父翰林院編脩雲驌其歸我以庚午而卒以壬午維日月之不居人事之倥偬至今八年始獲從先世之兆吾怛然悲之今隧石既治而未有刻辭子其幸賜之銘以慰吾私予辭謝不獲因憶與崑圃訂交在辛未之春曹局既同過從

日密盖嘗微聞孺人之賢及其父病且殆以至於在殯予時
時往唁崑圃然則銘孺人固莫予宜往崑圃年少為諸生
馮先生見所為文大嘆異之遂定婚姻之約比登賢書親迎
成礼又明年以上第入翰林當是時崑圃新貴而高堂方
重慶孺人能小心怡色得兩世尊人之懽為人莊靜有儀
不苟言笑而天性儉勤澣衣蔬食即寒素弗如也旋得羸
疾竟弗瘳生於康熙十二年某月日時卒於三十一年五
月初三日時年僅二十成婦幾及再期而已姑吴孺人最

悼惜之迄今言及馮新婦未嘗不流涕方其始嬪來居京
師馮先生以終養奉太夫人留振武而君舅封編脩公服
官大城每以不獲歲時起居親調滑甘為恨且死尚惓惓
不忘及封公歸就祿養馮先生與崑圃追隨禁近孺人已
殯宮宿草行成馬鬣之封是可哀已以康熙三十六年七
月 覃恩贈孺人嗚呼孺人自女而嬪皆際兩姓家門之
極盛又親見夫子之榮遂回可以無憾而子姓未成奄忽
隕謝一體牉合之義宜崑圃之有餘悲也銘曰

維賦之[illegible]德則良兮維晝之短夜則長兮有[illegible]禮衣奉厥

藏兮予銘幽宮尚其永藏兮

三兄穰園府君墓記

三兄穰園府君殁之二年孤霽暉霽徵始得兆於縣南之

將以　月　日葬期迫不及請銘於當世之作者於弟（是）

曷拭淚而為之記曰兄諱　字秉昭晚號穰園蓋斷章鶴

鳴之詩以感遇而寄意者也　曾祖諱　不仕　妣郭氏

祖諱　明縣學生學者稱為海若先生以子貴累贈文

林郎（中）書科中書舍人儒林郎翰林院編脩加一級禮科掌

印給事中加一級　妣　贈安人盛氏　考禮科掌印給

事中加一級　贈翰林院編修　妣　贈安人孫氏　繼
母　封安人張氏以順治五年五月初六日丑時生年十
九補邑諸生後貢入太學試職爲州同知卒於康熙四十
一年十月廿五日亥時始娶于馮生霽暉繼娶於金生霽
徵皆邑諸生霽暉娶胡氏繼娶劉氏霽徵娶陶氏繼娶鮑
氏吾兄　先君之愛子吳氏之儁才而生人之之最失職者
也少善病甫晬失　孫安人　先君極憐惜警敏而惠
張安人撫如出腹子兄自少至老亦奉養猶母也嗜李

能文友於兄弟順于朋友在閭里間甚著令譽歲丙午隨付京邸 先君暨 伯父侍讀公遠皆奉使家累之留京師者兄兼護持之內外辦治丁未以例入雍意不樂就 先君曰吾極知汝才足以自振顧多病提筆硯冒風雨寒暑逐筆行中爭有司一旦之得失何以堪之立身保生為要讀書次之成名非所急也乃受命其明年春偕 伯兄歸里自是離一兩 大人膝前者數年瞻戀切至 兩大人亦時時念之然 先君已決請假計未及召也辛亥迎覲於

維揚見　先君已病憂慮廢飲食比至大故號慟幾絕時
伯兄任家督兄以精力彌縫其間米鹽零雜悉有條貫伯
兄以故得專精喪葬大事又撫視諸弟教之念昔　先人而
師以從伯兄之教服闋慨然思光大先業偕兄弟下帷遠
園故舉子業再鏖棘闈不售氣益厲而病亦漸深矣丙寅
以目眚增劇金氏嫂已先卒獨處一室終日危坐屏謝人
事神清氣靜庶幾于　先君保生之訓教兩子使成立吾兄
弟服官於外及牽率他事而出惟兄無日不侍　張安人

左右先世之緒論軼事鄉里之掌故於兄是徵與其尤不可以亡者也兄制藝簡練峭拔以少勝多他如敏贍自少喜爲詩不屑屑步趨古人而饒有風致晚更深細沉鬱非人所及零膏賸馥輯而藏諸家嗚呼兄之志業足以光宗維世而命不我與病又撓之年僅五十有五豈非天哉曷不忍銘吾兄次亭大畧刻諸壙中俾以寘淵實之後尚有考焉

清故侍贈儒林郎候選州同知先兄同甫吴十五公

行狀

吴氏其先爲浙東之樂清人一遷于應天府之六合再遷於㴬皆莫詳所以徙㴬再傳至

高祖考古泉公諱鳳古泉公生　曾祖考禮泉公諱謙禮

泉公生　祖考

勅贈儒林郎翰林院編修加一級禮科掌印給事中加一級

前贈文林郎中書科中書舍人海若公諱沛海若公生五

子其季爲 先考
勅授儒林郎禮科掌印給事中加一級
勅贈文林郎翰林院編修時偕公諱國龍娶于孫爲
先妣孫安人生先伯兄晟三兄昶庶母王生仲兄昱而孫
安人卒 先君再娶于張爲吾
母張安人生 兄於昆弟之次在四初名昂字千里其貢
入成均名顯故今諱顯而仍其初字生之月日與 先君
同因自號同甫 兄弘毅明達見道獨早自其少時受書

即知以聖賢自命其視經典之懿訓古人之行事皆豁然

有當于心而求必與之合孝友忠信根于天性而達于日

用踐履之間如水寒火熱無一息之變易如手足之持蹈

饑渴之于飲食不待告語勉強而後從事者也十歲時從

侍京邸自家塾歸與昺嬉于庭中或遺小囊于地發視得

金亟擲之曰取非其有不可戊申伯兄與三兄南歸兄

戀（慕）殊甚兩兄行至良鄉寓書爲別得書置懷袖間日三四

展閱不能去手辛亥　先君請　假歸里、兄與昺日侍

舟中　先君爲俻言　祖宗之德美立身之根本及近世
世家大族成敗盛衰之故　兄獨有解會秪維揚而　先
君疾作昺時童騃無所識　兄私語之曰吾觀諸兄有憂
色而醫者用藥多往復疾得毋未易瘳乎因相持泣及
先君疾革呼　兄與昺及弟早誡之曰善受汝大兄教
兄哭奉遺命哀毁倍至讀書持身一稟伯兄之訓篤信而
謹守之當是時新遭大憂伯兄以一身搘拄其間而門内
肅然無毫髮疑阻昺等幼弱尚知若於教而不敢隕越

兄有力爲事　母愛敬誠篤雖已成人尚有孺子之色四十年未之改也甲寅娶于劉居恆稀入室時與昺同卧起曰吾念汝不能暫離耳自早歲入太學益用感奮思所以發名成業爲文沉摯深到吐廢一切故識者絶少乙卯以来從事場屋惟丁卯北闈見知于大理評事法公標庠午再試京兆唐山知縣莊公際盛尤加賞激卒爲主司所厄不獲售然雅志不以科名榮達爲輕重而愈肆力于六經朱程之書沿波探源見諸行事吾　母春秋高善病　兄

素不習方書而覃精致思時得其解曷竊祿于 朝不能
挈家累而北三子無母 兄鞠而教之勝于曷之自撫也
十年以來門內亦多故矣 兄屹然爲之砥柱不近名不
辭勞不避怨決疑定變聲色不形而動中窾會其大者如
正嫡妾之位嚴嫌疑之辨定祭掃之規皆足以爲後法與
人交坦白和粹無賢不肖皆樂就之久與之處益愛服而
不能去喜爲有用之學天文水利太乙壬遁之書莫不該
貫克勤小物雖屐材木屑位置必得其所諸體之文特長

儷語有六朝三唐之風秀而去其綺靡詩不多作而雅好塡詞歸本風教比興雜陳天骨堅秀文采副之一洗諸家佻巧濃艷之習而悲涼抑塞蹶張之氣亦不以犯其筆端微婉高卓既和且平渢渢乎甚可聽也所著紅述軒詞久已問世其餘子靄菌等方次第裒輯梓行以質天下後世之爲楊子雲者生于順治十有四年七月十一日亥時卒于康熙三十九年六月初七日亥時年甫四十有四里人聞聞兄之病皆奔走禱祠爲之祈福及卒也知與不知無

不嘆息泣下者嗚呼此豈可強也哉誠積於內而行孚於外亦足以見平日之梗概矣嫂劉氏江寧壬午舉人廣東連州府推官晰之劉公諱恩問女男子々四霱函縣學生娶太學劉公自廣女靈振聘高郵處士沈公世瑩女雩膏雯錦俱幼未聘女子二一許字六合候選知縣李公之端子稟生李宜俱嫂氏出霱甬生子一作楫幼未聘嗚呼兄砥行力學存順沒寧其生也有自來其死也有不隨以亡者人世之通塞顯晦與夫舒促榮落之數豈能有所加損

於毫末然而明體達用之學澤民潤物之志苕發穎豎之文皆未嘗展攄萬一而昊天降割中道摧阻此則後死者抱隱痛于無窮呼搶迷謬而不能自止者也曷於吾 兄行輩最近提攜教愛最久且密既今五月中請 假歸覲 兄聞其將至冒雨而抵滁相見極懽嗚呼豈知一月之中遭此大厲遂為終古之別哉以曷之愚蒙不肖不足測吾 兄之涯涘而五內震裂不能屬辭茹戚飲痛勉書數語于紙其挂漏顛倒不待他人見之而後知也所冀

當代之大人君子以斯文自任而志在發幽潛之光者曲加採擇賜之誄傳銘誌之文感且不朽謹狀

清故勅授文林郎原任福建汀州府寧化縣知縣侯
陞主事先兄梅原吳大公行述

伯兄梅原府君以今茲之十月二十五日終於家之正寢又閱月而訃始達於京師弟昺為位以哭顧維先兄之立身服官具有本末不敢聽其散軼泯沒無所考於後謹詮次梗概質諸當代之有道而能文者哀誄銘誌之作得以采焉吳氏之先由浙之樂清遷應天之六合已遷全椒曾祖考體泉公諱謙祖考

勅贈儒林郎翰林院編修加一級禮科掌印給事中加一級
前贈文林郎中書科中書舍人海若公諱沛 先考
勅授儒林郎禮科掌印給事中加一級時偕公諱國龍娶於
孫爲 先妣孫安人實生 兄諱晟字麗正號梅原生而
穎異凝重如成人七歲 先君攜之避亂于滁口授左國
諸書再過輙不忘讀唐人近體詩即知四聲之學 先王
母盛安人甚奇愛之 先君成進士之後二年是爲乙酉
當是時世事變易流離播遷又一歲乃歸而 盛安人棄

養　先君悲慟感慨絕意人事廬墓山中獨挈　兄與居
督課甚備己丑補邑諸生為督學李公嵩陽所賞庚寅丁
孫安人艱哀毀特甚人聞其孺子泣無不洒涕者甲午
入闈同考　郝公珊翰得之以元薦扼於主司不果售而
遺卷為人所傳名籍甚時熊鍾陵先生使越歸過椒　兄
以所為文質之先生覽數首即曰子之才負能世其家者
然每文讀至中幅光芒始發天殆將老子之才毋速求人
知肆力而待時可也　兄感其言益取成弘以來先正制

舉之文枝分泒别得其師承之所以然而衷諸六經以求
聖賢之意故所業益進丁酉　先君迫于徵書　兄獻詩
為别有依〻柳色牽回憂灼〻花光照去程之句　先君
頷之至臨清移疾而歸己亥以後始黽勉就列　兄遂為
家督持門户而力學不衰自甲午至己酉從事場屋幾三
十年中間危得之者數四卒報罷而　先君已不及待矣
辛亥　假還抵維揚疾作　兄晝論醫藥夜侍左右　先
君憫其勞令就寢承命而退屏息牕外究不能寢也月餘

先君棄諸孤長號悶絕救之乃蘇溢米不入口者三日衰麻擗踊之節罔弗衷於禮扶櫬歸即入山卜窀穸滛雨容雪未嘗少休又為 先王父建饗堂以成先志入奉吾母張安人孝愛倫至凡興居寒燠衣食之節皆先意承旨雖廬居墓次旬月必歸省而時與諸弟舉 先君持身為學之大指及異時艱難憂患之事亹亹不倦其言絕深痛冀有所感發成就 不肖兄弟亦奉如嚴師無敢弗若于訓者閨門以內雍睦有法度鄉里咸取則焉乙卯赴京兆

試竣事即歸中途聞捷哭失聲蓋痛　先君之不及見也
明年成進士座主高陽　李文勤公素與　先君友善尤
器　兄然旅見而外無私謁焉或有以館席為勸者　兄
歎曰自吾少時　先大人不以為不肖當侍廬深山謗妬
傍徨之時期望甚殷不以此時發名成業少分堂上之憂
今終天抱恨雖美官何益且　朝廷之官豈任人擇取者
哉歸則葺別業於城隈雜蒔花竹奉板輿之懽因聚先世
遺書率子弟卒業其中每風和景明少長畢集論難往復

有所得則欣然以起或命酒賦詩子姪環侍愉愉如也丙寅除寧化令將奉母而南　家安人憚其險遠乃止歲時上書起居俸入輒寄歸為壽雖隔數千里猶膝下也寧化在萬山中地險俗獷好亂與訟爭鬬相殺以為常雖名郡縣縣官之法非盡行也其尤無賴者至發祖父冢瘞骨他所而售其地於富家以為利甚者兄弟易室矣　兄痛繩以法而戒諭其可告語者作十勸以訓俗立義學於尊經閣何公書院諸處擇能文篤行之士謝家樹等為塾師

以教民之秀異者風俗遂一变於是新釁宮葺城垣修壽
寧橋以利涉造舟九龍灘以拯溺設醫局以活貧病皆精
察而力行之故歲月畢效丁卯分校校治易者七人稱得
士焉邑有伍家坊地居閩與豫章之界巖谷阻深奸民伍
碧生等結羣不逞為盗行刼於江西之廣昌廣昌獲其黨
訊之移閩名捕　允得檄佯頓足曰催糧何道至是當親
往近鄉勸輸以赴期會耳即率內丁數人乘夜潛至獲伍
雌禾等送廣昌碧生竟糾族據險篡雌禾去江西撫臣以

聞閫督王公檄汀鎮親往會勦　兄聞之驚曰愚民不識法令緩之則可計擒急之則生他變今秋禾布野師行不能無擾是治絲而棼之也會遊擊駱公儼先至　兄飲以酒密語曰君能選健卒數十人吾與君當先往偵之遂疾馳掩其不備盡成擒而牒罷會勦之師寧邑以安士民立碑於筆山以頌德焉邑人李元仲聞人也子孫以爭貲不相能其子因他事搆其二姪欲殺之請于　兄正色卻之知不可動則介重利以訴於上俾授意於縣而成其獄　兄

曰骨相殘天下之大惡且其婬無死法吾不能殺人媢人
卒當以應得之罪决配有差皆叩頭感泣而去雅性淡泊
刻苦過于居家時上官非分之求亦時爲所格然用是頗
有齟齬意忽忽不樂常欵拂袖去戊辰恭遇
覃恩授階文林郎 先君 孫安人暨 家安人贈封皆如
例壬申戚友相助援秦中捐賑之例需次陞主事得代歸
寧人攀轅號泣因太息謂 霞舉 輩曰直道猶在人心是豈
不可以善治哉惜左支右屈吾之志十行一二耳甲戌秋

抵里門 家安人病經年聞 兄歸喜甚 兄朝夕定省未嘗去左右 家安人每為之加餐嗚呼豈意至今甫匝歲遽有不測之変哉十月二十五日晨盥畢呼 霞舉語他事甫出戶微覺暈已而瞑目端坐如熟睡狀已逝矣嗚呼慟哉 兄至性誠篤內行醇備剛正嚴肅造次必于禮法修潔自持不可干以私而遇事立斷有過人之才其所發紓未足當百分之一可為痛惜者也其居家敦宗收族濟人利物之事與在寧陽發摘奸伏釐革者尚多茲誌其大

者好讀書目十行俱下經史而外百家方伎之言莫不談
貫而於岐黃堪輿為尤精其始之古文辭宗仰外傳而取道
於柳州其後經術益深涵養於義理醲茂謹嚴有西京之
風少時所為詩歌援筆立就贍博絕麗已而痛自刊落返
諸朴老而含蓄無盡出前人蹊徑之外楷法宗顏魯公行
草尤秀儁當其得意往往逼晉人矣所著有洪範辯謬周
易心解心遠堂文集鶴柴詩集黃連畸叟稿燕臺詞集共
若干卷生平厭薄輕華之習著述雖富未嘗輕出以求人

知令將次第授梓俟識者論定爲生于前崇禎八年三月
二十七日酉時卒于康熙三十四年十月二十五日巳時
享年六十有一娶金氏　贈孺人壬午舉人山西潞安府
長子縣知縣侶樵金公光昊女有賢行早卒子七霞舉貢
監生候選州同知娶江都丙辰進士原任兵科給事中得
菴李公錦女雷煥廩膳生娶戊午舉人晉山金公釬女雩
澍庠生娶含山乙酉舉人候選知縣宅是王公鎬女俱金
孺人出霈清娶貢監生候選鹽運司運判逸齋袁公煜女

寧濟庠生未聘側室王氏出存未聘　兄命王氏撫之凝
禧未聘側室胡氏出女五長適邑庠生金佐臨次適增廣
生金澤恒俱金孺人出其三俱未字一王出二胡出孫二
槃槩幼未聘雷煥出孫女三二霞峯出一雷煥出俱未字
易少吾　兄二十有五歲重以愚陋見聞多所未及而如
剡之痛哀謬闕遺尤所不免竊念子弟不敢誣其父兄之
義謹以所知摭實而質言之如此

擬唐張九齡進千秋金鑑録表

臣九齡言今月日恭逢千秋節謹撰千秋金鑑録五巻呈

進者有兪既集合貞元以生聖人無疆惟休永緝熙而允

鴻業臣九齡誠歡誠懼頓首頓首竊以保泰持盈有國所

貴慎終如始惟帝其难商宗寿考以致中興稽於成憲之

獲周成嗣服而推過曆保茲無逸之謨振古如茲于今斯切

伏惟陛下以真人之姿應會昌之籙躬夷大难手攬弘綱

惟二紀之恪勤登萬方於清謐届茲聖節弥迓天休嵩呼莫

祝于堯年庭寔偶資於軒鑑情豈存乎玩物喻或採夫正冠臣仰維文皇以人為鑑之言竊取伏羲制器尚象之義博採舊典勤為信書究興廢之根源寔皇王之樞紐與治同道與亂同事豈歸妍而掩媸福生有基禍生有胎若狀形而得影惟陛下攬以自照弥增日月之明庶微臣托匪空言必罄芹暄之獻昔荀悅申鑒長統昌言垂之于今皆有可採臣之愚意或比於此且以古鏡今見不逮於目睫如按圖索狀情畢現於鬚眉慮塵復隍功無虧簣理臻仁

寿之域湫春秋以為年祥貢川岳之珍徵金石之紀祀盖
古人遠取諸物惟王者能自得師臣叨厠台司深慙毀輔
儀成大寶義切斲金無任誠懇屏營之至

誦籌賦

余友盐官楊編脩耑木嗜讀書日手一編次第乙其處用力皆有程竊服其敏且博而專精如此宜其馳騁貫穿有得于心而出之不窮也嘗獲古錢數十百枚退其凡近而取其奇古可喜者常令滿十每讀書一過輒下一枚遍數匝乃止余戲謂錢者穢濁之物古之高人名士至不能出諸口今幸一旦儼然進于圖史之側錢神其據吾手矣楊子笑曰是物也當其泉布霧散輻輳朝市之間豈暇典者

生腐儒居而習伊吾之節哉時移世易銷漏磨滅僅存于今而為吾所得以助吾讀夫天下之物釋衆争之地而自放乎寂寞君子將有取為且吾知便吾讀書而已余曰諾請名為誦壽而賦之

若夫領以鐘官藏諸少府辨方楯以成形別匆壯而分伍照耀綦母之文紛綸封演之譜委質泉流垂緡鱗聚豈知棧臺既散銅埒旋傾得一之室誰敵開元之字微明金氣清而雲起土花紫而苔生裏來渚水之濆僅能有得化于

桂陽之岸孰為取盈乃有弘農世胄譽並翔鸞西蜀雄才
文傳吐鳳七略駢羅百城增重寄思古之幽情善因物之
妙用摊之歷歷時引金石之聲投之錚錚徽覺籤牌之動
徒觀其圓形不滯方心可鑿陋趙壹之疾邪趙壹疾邪賦云文籍雖滿腹
不如一囊錢遈王充之勸學論衡云胸中無斈猶手中無錢也曾経萬選劉明
府受而不辭常寶十枚葛仙翁呼之則躍趍長途以赴節
飛去青鳧聽洛誦之循環御來黃雀嗟乎殿上銅九撾成
嚴鼓屏間紅豆揩記新音祇增戲伎之靡曼疇辯典籍之

酣沉惟吾友之抗志以汲古為已任正如廣扇洪爐萃百家而鼓鑄直欲平傾外府收二酉之璆琳詎云錢癖乃蹄書淫誇善數于河間差足副邊韶之腹高不言于夷甫恐未知甯越之心

月印秋江賦

月乃水精江為瀆長本一氣之升沉亘四時而澄奕别風物之淒清濯空明于浩蕩冰彩徹其若鏡縠紋舒而似掌觸攬景之幽懷裝體物之逸響尔乃峿崍氣肅巫峽霜生巨漲初斂衝風不興赤岸砐硪以滉瀁碧沙宛轉而分明浮匹練于天際雖微波而不驚虛能變物清足鑑形蒼葭拂渚而多姿白雁橫空而狀翩馮黛色于遥嵐落帆影于遠舶忽四顧而矜矚見一天之高碧積水湫以如炯平流瀅其

将夕織阿促駕常儀奉策方其朓朒初轉朏魄尚幽澄輝

靄靄清質悠悠方吐光于極浦旋委照于中流墮雲際之甲

痕誰沉璐玦看鏡中之昝影究肖銀鉤烏疑弓而且却奧

避釣而潜游及夫秋欲平分月當既望蒂岸乍白楓林盡

晃吴剛桂斧芝寒耕父之宮羿婦華璫彩散宓妃之帳浪

潜逝而不移涛正瀾而争壯夫其明光瀲灧之態瀰漭洄

汗之儀峥泓蕭瑟之致氤氲掩映之奇旻揣称而佯色固

心曠而神怡天水一碧琉璃萬頃潮將發而瀾生露微零

而宵永手如可掬方懷捉月之遊筆豈能圖寔取惟燈之影横通仙之鐵笛臨欲渡而狐吹照驚客之蘭舟悵將眠而起詠歌曰湛湛江水兮清且深奔流日亱兮古與今夫惟霜月之皎潔兮常懸照於波心音響未終素輝欲側斗氣凝而若珠瀼影淡而如雪方將洒濯于氷壺不知扶桑之漸白

囊螢賦

緬前脩之精敏抗厲志于典墳陰雖寸以必惜晷既入而弥勤當宵而嘆在晦思明人異魯陽難返繼離之照居非萊海空傳不夜之城維時貧等原思季希窮越東隣樺燭誰分壁隙之紅太乙藜燈未吐杖頭之白遂執卷而徊徨亦廢書而太息忽焉有物舒光于側其為狀也飄搖兮如流星翼輕風而投河鼓之津歷亂兮若火樹散銀花而照長安之市離合紛沓往來流利雖負質之纖微乃爭光于

巨麗歷永夜而常明照一身而為智維流營之熠燿荷君
子之攜持倚徙于卧讀之架周旋于洛誦之帷裁成徑寸
之封冰紈可剪提來盈尺之映璧月同輝增棐几之清寂
奄松窗之靜虛乃若青陽既謝赤帝司曆氣炎炎以灼肌
汗溽溽而沾臆在蓮炬之难親亦蘭膏之無覓袖此囊以
生照遂流觀于古册追素秋之忽至俄白露之荐爽纖月
當軒而遽落凉飈拂楹而送響澄志氣于太清思探索於
最上鑒寸心於古人若茲螢之内朗尔乃風月之夕清淑

之辰挾策而生假寐而興想夙駕於扶桑戶外雞聲宛轉
分末光於腐草行間蝌篆縱橫爍乎若懸帳之珠爛乎若
出雲之星至於積雨霏微陰雲勃鬱短檠催暝長宵待旭
子陵之火無烟翁子之薪不續喜宵行之如故迴炯照于
幽獨思夫人之勵志固最重於三餘彼生消夫歲月罔惕
意于居諸積蠟炬而為薪堆燭淚於官廚洵豪奢之逸致
匪刻勵之芳模亦有家餘四壁影戢一盧晨夕之供缺膏
火之計疎氣始壯而抱抑鋭漸挫而踟躕又何假博取于

小物曲致其勤劬趍長塗以求慕吾將來古人之所居

傷逝賦

余每覽昔人哀悼之辭未嘗不掩卷歔欷不怡者累日然特以為情生于文耳迩來處煩冤之中涉想成勞注精如夢頗知莊生倚戶之觀薛勤何恨之嘆斯乃過情非忘情也夫憂者必噫痛者必呻噫與呻無解於所苦而聊以自舒茲之屬筆乃近於斯其辭曰

嗟之子之不造兮極生人之至艱少煢煢而偏孤兮痛切怛以摧顏伶俜而靡依兮乃寄蔭于外族秉惠心而靜志

兮質溫栗其如玉惟兩姓之相歡兮又重之以嘉姻結好
言于壼鬠兮爰備礼而來嬪謹㩜縱以適所兮恨戒從之
不備肅內則于婉嫕兮分慈恩之餘惠執欵欵之婦順兮
又善承乎余志兩心欝其莫離兮庶相保于終始叢紅蕤
于春陽兮芳菲菲其未艾夫何所賦之奇薄兮中道捐棄
而不少待初赫然以奄逝兮心惝怳而狐疑徊徨而望遠
兮形髣髴而見之餘香尚其酷烈兮紛遺袿之旖旎朝霏
初開于軒牖兮夕燈青熒于虛帷信其人之斯在每入室

而神馳忽念至而自失乃如夢之迷離意塞而不自持兮
飲涕哽噎而不成哀　母氏之劬勞兮申申其譬余勉食
息以為慰兮心含辛苦而悲于是攬右哲之已事申礼防以
自禁愧予真之尽制薄奉情之隕身博我以達識藩我以
平情惟人世之飄忽如弱草之輕塵計咸殤其幾何兮亦
奚責予久生吾聞伉儷之至戚本以義而相親予心皎其
如日兮迥炯照於幽冥雖萎折其亦何傷兮惧欵寔之莫
伸痛存殁之道殊昔胖合而今分哀悲其亦無稗兮氣憤

壽而不能平重曰之子之冲静宜延歲兮端明和惠宜貴

位兮一折不復絶後會兮哀哉何言亦一世兮綿綿終古

予懷結兮歷邈難虧惟同穴兮

石鼓賦

緬三古之遺蹟寔歷代之寶器質比玉以晶瑩色迸苔而
蒼翠寫雅制於韗人琢貞材於匠氏蜀桐待削淵淵之響
誰聞碧樹交加噩噩之文未墜當夫炎精再熾蒼籙重膺
乾旋坤轉海納風行十乘元戎雷動太原之野千羣虓虎
川流淮漢之濱撫洛師而布德狩岐陽而抗稜脩廢舉墜
講礼治兵恢作对之丕律施有截之天聲爰鑿山骨製為
鼓形勒石紀詞從臣咸作頌之手聞鼙思帥天王存尚象

之心尔乃代峻巘礱堅質摛雄詞摹健筆謝揚厲之弥文

攄唐皇之茂寔六文玉篆初移蝌蚪之形八体銀書争翥

鳳鸞之翼揭近畿而生輝光埀奕葉而罔失曾日月之幾

何莽秦漢之蕩滴碧鷄野外空付沙沉玉津園旁誰為輦

入靖康之金可剔似鬻櫝而遺珠薊水之邑重開遂披雲

而見日荐諸盡冑之地領以儒林之官藉以鈕砌環以朱

闌環流靜而璧彩逾潔松影交而蘚色生寒考其光價豈

僅優于郜鼎存茲淳古已轉重於殷盤副餘慶之風志慰

升恒頌

昌黎之長歎于是好古之士慨為有作溯書契之綿邈歎籀史之懿朴依稀王避大類郭公之闕文推較攻同惜少凡將之秘學景彼儒宗訪諸先覺字問子雲之奇説探許慎之慱庱以副 聖代之文明而不負成均之恢廓

祭外舅故寧夏同知葉公文

寶瑟金鏞時則拊叩而不能盡者其聲華星璧月時則虧隕而不可掩者其光惟公才足為世用而未竟其施設遇每與時左而無損於行藏其欝堙蘊崇卷舒自得者固有以求多于造物躋上壽而致吉康謂宜生享期頤使鄉國傳為盛事而乃脫躧塵壒曾不少留于會老之堂聞訃之日輟舂嘆息而泣下者固已遍于閭里而予小子輩之誼聯葭玉念交情而思往事悼慟乃倍萬于尋常維公發軔

之初典　先君子並學而拾芥香繼則通蘭譜於世父締
嘉好于潘楊家園聚首風晨雨夕恒過從而周閭及分鑣
王路而楚江燕市儼咫尺之相望若木吹沙于蜮射駭奔
執手羊腸在哲人之定力方且夷神委命而分憂共患寔
先後在宥之不遑蓋　先君子之於公誼篤友朋而情深
昆弟固宜披肝膽略形迹而施受之可以兩忘及公再起
而分符竹樹績而奠巖疆不肖兄弟止在伶俜孤露之中
關河脩阻鱗羽斷絶而心竊知公之垂注者固不言而彌

章追抽身綠野垂釣滄浪私心之所深幸則以　先君子
不可見而當時父執次第凋謝独公杖履無恙巋然如魯
殿之明光曷奉提命于甥館雖掌珠已隕而愛惜撫摩之
意殆愈久而愈長曷一逝而不我頋意將偕　先君子驂
鸞翳鳳而歸帝閽至若李空藝圃名起詞場平刑裕賦之
略牧民輯衆之方皆人之所共悉而識者尚惜其蓄而未
尽留以待令子之光昌某等亦何假更僕而感懷今昔不
自知其涕淚之沾裳爰封牲而奠酒敬陳詞而酹觴尚微

誠之我鑒庶來格其洋洋

祭戴母朱太夫人文

嗚呼某等獲典太夫人之子稱同年生者至於今八年竊嘗附於古人登堂之義於其建康介祉則為之欣忭鼓舞一旦聞不測之變其何能不戚嗟痛悼而涕泗之沾襟維太夫人孝慈威於閨閫贊助光于有家佑啟延於後昆舉昔人頌圖之所稱述固已備美而兼任而余小子輩撫今追昨感愴不能已者又不俟覼縷閫德始悼玉女之峰隕而寶婺之光沉屈指同人之中博一第而養逮双親者盖

已寡矣幸而高闈具慶一附朝籍則遠道薄祿適足厪尸
饔之恤而動鴇羽之悲吟若太夫人偕贈公就養於京邸
滫瀡分于大官宮錦製為戲綵此則人生之榮遇而其事
僅見於近今然而北門之殷憂南陔之羞膳有餘於心而
卻顧于力者方將圖報稱於異日豈意天之降割竟辭宇
內之埃壒而歸於太古之室祇樹之林嗚呼哀哉憶非丙
子之歲贈公見背余小子輩親見丙童之毀瘠而猶幸太
夫人之撫之也則相與以將母為最以滅性為箴今則總

帷未撤祥琴未鼓而大故踵告斯誠極人世之荼毒而章
兄弟呼搶之無從者余小子輩又何能不哀之劇而慟之
深惟坤貞之昌後容衣褕狄貤贈極品斯則可揄芬於必
然而特以年未酬德不能無憾於造物而涕淚之涔涔嗚
呼哀哉愁雲胡為陰黯日胡為霽緘悴千里用展寸心其
尚邀鸞御之來臨

祭同門廣東劉元夫文

惟珠江之洄汗典崙峰之神秀挺南紀之文物信景爍於宇宙宜吾友之篤生稟菁華於川岫系神緒而作氏本靈枝而啟胄早踔厲於辭場遂雄霸於文囿壯筆湧其如泉鴻藻舒其若繡說詩橫韓魯之車講學發關閩之覆俄乘軺而計偕追公車之牘奏遂策名於玉墀佇發軔於銅綬揮手京洛之塵高卧牛女之宿回巨川之初至正軼足之尚伏何尺波之電謝而隙駒之決驟萎棟材於嚴霜怨彼

蒼之夢暨嗚呼哀哉憶聯轡於曲江迹尚新而未舊晨星暗以無光風雨颯而僝僽琬琰傷夫永缺荃蕙零於暫茂初亾問之遥傳猶庶幾其或謬既群言之從同乃相顧而詎譳維未罄之志業必保艾於尓後溯向歆之遺軌將增隆於堂構況名山之有藏年不藉於耉壽顧同人之悽愴难援彼以相救欲懸詸於旐旗惧梗槩之多漏因融風之南征托微忱乎椒糈緘長悲於萬里波浪浪於雙袖嗚呼哀哉尚響

祭同年溧陽宋壯其文

嗚呼窮通之數夭閼紛綸長則不可急之於箭漏短則不可緩之於寸陰此孝標之所感固無殊於古今如君之積學砥行穀寔媲於南金何天之豐予其才而速奪其身是君之自致者足以求多於造物而糾紛交錯廻還倚伏則有不可知之故而並非造物者之所任乘黃山子幸遇伯樂之頋又以幾得而復失者未獲展逸足之騄駬特其權奇倜儻足以發軔王路而決其騰踏之非無因孰意萬里之

途玉門而躓不得不悵彼蒼之夢夢而歎脩夜之沉沉嗚
呼壯圖詘於短晷雄篆沒於輕塵既為志士之所慨惜而
況上有戴白之親下有未就傅之子是則長逝者之目未
瞑而同人之所以傷心嗚呼午秋屈指會未三期而零落
之感已有如此者能不痛酒壚之邈絕撫旅櫬而悲吟也
哉秋風蕭森秋雲零零長川南逝道阻且深魂兮歸來鑒
此寸忱尚饗

祭李季充文

嗚呼吾二姓之締好肇於辛酉壬戌之間迄今二十年所矣重以姻婭世及情誼日敦休戚之相關則如一家痾癢啼笑之相通則如一身其間天道茫昧人事衡決相與憤懣侘傺無可謁訴未有若今茲吾弟同甫之變生意外而君適繼之也同甫少君六歲以兄事君志相得也故以女子予許之君之胄子孔燕婚笄之期已及而至於大故儼然在衰絰之中未得即嗣為兄弟此昇等之所傷悼不

自止而且以知長逝者之目不瞑也抑有大于此者君素孝於親張叔人窀穸之事未獲吉卜而吾叔母張太安人高年善病君恒侍同甫為杖此其不可以死一也君才氣慷慨視天下事數着可了而同甫忠信寬博持身御家足為門内準則皆隱然負亢宗保世之望此其不可以死二也有不可以死者二而天竟奪之大戾之降驟叢乎旬月之間使吾兩姓之兄弟子姓呼號震驚且悲且慮誰寔為之哉夫盈虧不常豐敗相補故有詘於此而乃伸於彼前

有獨擅之獲則後無得全之勢此天之所以斟酌庶品而物亦不敢怨尤者也惟昌典同甫抱儁才承家學可以拾芥科名而卒使顛躓於場屋而賫志以殁康濟之志經綸之用不得見於天下小試為吏徘徊需次竟未及一展其奇又併其年而靳之嗚呼造物者寧独有所嗇於兩人而暴摧折之不遺餘力耶抑靈淑光偉之氣天地常有所不足雖鍾於人竟不能使之完固視其夭閼零落而莫可如何耶豈寒宗多舋門祚衰薄而名閥貴胄亦丁適然之數姻

娅之間告变若此其亟也嗚呼哀哉肺腑之情通於手足
敎祗陳詞繼之以斝盈樽者酒載俎者肉萬感茫茫丘山
華屋嗚呼哀哉尚饗

祭本房鍾華峰先生夫人文

嗚呼民生於三事之如一成我之恩典生我匹禮以義起及其齊德曰有毋道翳維天則惟我夫子大科奮迹玉牢名都伊洛之則威惠並行政轂洋溢宜人佐之儉勤是力懸魚在門鳴杼在室扇其清風大河南北馨聞在上膺彼峻陟鋒車朝駕粉署夕入鷄舌氤氳鳶坡崒嵂宜人佐之其行貞吉弗染於渝弗耽于逸璣玑不御彤髹罷飾邦之六典文部是職詔王八柄百僚矜式山公偉度裴公精識

懸彼冰壺搽兹玉尺宜人佐之小心翼翼處膏弥潔在貴
而抑金鑰初傳玉珩已正勤襄啟事罔有闕失敏與永叔
其門嶽立後堂綵竹彭宣是集几杖從容豆觴有秩井井
施施寔資賛翊 夫子弘致進退惟壹譬彼絳雲卷舒自
得亦有同心鹿車去國司隸高風古人可即嗚呼（女媜）之行不
正闈閫維彼嶶音乃有稱述彤管輝煌紛綸縷刻謂宜大
年介祉千億彼蒼者天竟不可測白素吐花金石忽泐鼓
缶之嗟占應日是列宿如珠有黯其色旁掩婺女清光乍

熄人仰礼宗聞訃而盡矧厠宮墻悽愴曷極夫子経綸中
外所急佇偕大軸綢繆密勿況羲群嗣璠玙比質身後芝
泥駢羅無斁其為壽考弗爭旦夕封牲焫蕭酹此清醮臨
風陳辞我怌於邑瑶天鶴笙鑒此悃愊

祭靳文襄公文代新城先生作

嗚呼人果知效一官行比一御則其名當時而傳後世者不以生而存不以死而虧矧夫豐功大猷載載謠人口而勤諸史冊流光鼎彝垂耀乎千載又非三壽之所得而拘而況生被渥澤之隆殁致贈襚之盛哀榮備礼為人臣萬一有之遭逢而無所用其惋悼之區區維公翹英豐芑荐陟清華敭歷乎中外者奉朝之人皆服其文武之兼資而其結契

聖主覃澤生民者則惟经营两河為千古未有之奇其遐
思遠矚不牽於昔人之議不狃于目前之跡括数千里於
指掌如烛照計数而無毫髮之參差其增畀倍蓰錙銖尺
寸皆有推較以不愆於素奉行者拱手仰成則又度越於
馮逡徐武功之所為嘉謨碩畫既見施行而又裒揮編輯
成一家之書使後之從事者皆可奉為蓍龜嗚呼是足以
不死矣而抑又奚悲維　聖天子知人善任行公之策於
裒言盈廷之日底公之績於投閒委廢之餘所以褒獎保

護者不可謂不至則公之鞠躬盡瘁必有十百於常情者不止一時之計遂盡其設施今者大星遽隕則公之繆綢善後仰圖報称者方烱然于寸心而環河之民不獲卒祓公之澤斯則不能不怨夫造物宜海内之聞訃者不禁其涕泗之交頤封牲在俎釃酒盈卮公兮歸來仰瞻尾箕

祭孫熙公舅氏文

嗚呼舅之於甥比於宗戚則猶諸父也其撫我如子則我事之如父不幸而棄余若之何其不哀以楚也惟我舅氏享榮名躋上寿一旦返其自然之室亦復何憾而某等凱風寒泉之思遂無所棲薄其爲悵恨者信終古也自今以往永不獲瞻奉几杖而追生平之懿行其超然世俗之上不隨而滅没者蓋未易更僕数也自先外王父之喪家業寢落兵亾饑饉靡歲不臻棘硯廢著勢所必然頎独慨然

不移下帷發憤卒用有成人知其芥拾科名不知其光大前人之緒者志專而心独苦也於氏從毋中道而殞所天方盲鞠時迎歸於家姊弟相依至於沒齒遂使衛國忘亡刑遷如歸此古人之所难而傳萬行之所取也迨筮仕中州治行赫然稍加俛仰立致崇高而乃抽簪進取之時懸車強健之歲嗚呼崇禄之途迷而不返勢窮齒索猶望康幾而清風洒然不可羈縶者柴桑之侶也一畝之宮蕭然高寄長吏奉其教言比閭息其爭訟者彥方之所處也自

少至老畢精制藝推漆斧也貽厥子孫苕發頴豎建旗鼓
也高素之風化于門庭楚玉璽也視我諸甥雖甚不肖言
語煦煦不疾怒也素何其不我少留而飄然以舉也某昨
奉檄而出拜別床下尚冀遂初之後追隨入林而今乃至
是側身北望涕如雨也紱辭醴酒少致其心之耿耿而不
能必其莫予吐也尚饗

公祭編修汪鈍翁先生文

嗚呼近世之士所以顯當時而名後世者蓋多在於文章而當致身之初日講夫佔俾帖括以希冀於一遇而不暇及於名山之藏幸而策名通籍可以極其力之所至與古人馳騁上下然非其性之有所獨詣與好之有所專屬則又未免頽淂而業荒幸而志足以砥其才學足以昌其業又往往處非其據或為資格之所限終身於簿書米鹽之間不獲排金門而上玉堂惟公之登進士也蓋在　先

皇帝之中年海内之士得其单詞片言皆奉以為儀者之
食而渴者之棄而其所自命者則將深造自得大肆其力
於古文蹤厲夙蜚於千載之下而希蹤於韓歐陽其紆餘
委備無艱难勞苦之態如輕車駿馬行於四達之衢而柑
勒完整未嘗覂駕而高驤又如清廟之瑟一唱三嘆繁音
縟節洗滌刊落幾幾乎摩南豐之短壘而窺覌文少師之
宮墻及夫受特達之知自郎署拔為近禁則其才足以相
配而遇亦足以相償柳也有感於公者方其筮仕之始陳

力劇曹中間左調至為粗官散秩皆卓然有以自見不若昔人之以文自豪者放廢世務抱無當之玉危而徒為激昂是知其中之所蘊蓋有大於是者而不止詞翰之飛揚方謂徘翔大軸潤色休明豈知其一去而不復者黯然如華星之掩其宵芒爰敷祗以陳辭蓋雪涕於同官之義而又有以信其不朽於異日者殆不以生死為存亡尚饗

祭鄧太史元昭文

八公靈秀寔能降神篤生我公爲世偉人品推金玉祥仰鳳麒或出或處用罔不伸開代之初人文蔚起公奮其筆搴旗摩壘八紘既頓九苞斯止有煒其光側席之喜鴻漸鷺振集于鳶坡承明橐筆潤色孔多遂秉文衡匡廬之阿手持玉尺恢我網羅帝曰汝賢予其汝試乃眷西顧畀之重地國體聖心内外一視文武爲憲大行厥志方將叱馭乃決懸車泉石膏肓莫我能除長揖謝病獲賦遂初軒裳

圭組視為土苴進不湛荣退非絶俗砥此頽靡還以敦薦
蒼虬翠螭有時蠖屈雲雨之靈其潤自足一方利病萬姓
痌瘝不惜援手利導其間分糾引繩其用如環為功甚大
而力甚閎好行其德不遺鉅細夭昏札瘥浮公而濟仁心
為質非以市惠至今口碑擬於墮淚蒼生府饔綠墅杯絃
事殊迹異誰則能全公于此際庶得真詮猶望作霖以澤
普天自公登朝以及家食情敦友朋過于膠漆死生盛衰
不易其迹輕財極難義典古匹方謂大年綿算期頤忽為

奄棄擺脱塵緇歳月驚逼萬人哀思别在戚屬云胡不悲維公之德久而不没名山有藏日星昭揭寿踰古稀完歸無闕根起羣嗣廷積家笏諸孫林立蘭茁其芽経明行脩並起轂華高密之裔克世厥家道遥蓬閬夫復何嗟哲人其萎倏聞卜兆所恨素車未親丹旐江風蕭瑟江雲飄渺庶其鑒予歆此清醥